調査官の「質問」の意図を読む

# 税務調査リハーサル完全ガイド 第3版

あいわ税理士法人 ［編］

元国税審判官・税理士 尾崎真司

The Perfect
Guide of a Tax
Examination

中央経済社

# 改訂（3訂）にあたって

　著者が任期付きの国税審判官を退官して6年弱が経ちました。本書の改訂は，国税不服審判所における国税審判官としての経験を踏まえ，納税者に寄り添う税理士の立場から，その経験を税務調査において活かすことはできないか，そして，どのように活かすことができるか，という視点で改訂をしてきました。

　本書の改訂版では，税制改正に伴う加筆・修正のほか，元審判官によるコーチングの加筆を中心として行いました。

　これは，国税審判官としての経験のなかで，これまでの税理士としての視点とは異なる視点から「感じ」「考え」たことを主な内容としてまとめたものであり，それを読者の方に「教える（ティーチング）」のではなく「問いかける（コーチング）」ことをイメージして書き上げたものです。そのような趣旨から，このコーチングは結論めいたことは書かずに，あえて「抽象的・尻切れトンボ」にまとめており，読者の方の「これってどういうこと？」「こういう場合はどうなるのだろうか？」という疑問・関心を誘起することを期待してまとめたものです。

　そして本書の3訂版では，税制改正に伴う加筆・修正のほか，各質問に対する「対応と対策」の内容についても加筆を行っています。さらに，第I部の税務調査手続および ブイエス（VS）調査官 を新たに加筆しました。

　第I部の税務調査手続については，初版（改訂版）の内容を刷新しています。「税務調査対応の基礎と実践」と題して，まず，税務調査とその手続きに関する基礎的知識を簡潔にまとめています。税務調査の経験が浅い方でも，これで不安なく税務調査の対応が可能になるはずです。そして，国税審判官の経験を踏まえた，ここ5年ほどの税務調査対応のなかで特に「気づき」として感じた

ことのエッセンスを「ワンストップ上の税務調査対応」としてまとめています。国税審判官としての経験がどのような点で税務調査に活かされているかを明らかにし，そのエッセンスが読者の方に伝わるように努めました。

ブイエス（VS）調査官 は，国税審判官退官後に著者が対応をした税務調査のうち，特に記憶に残る調査を取り上げています。コーヒーブレイクとして楽しんでいただけたらと思いますが，その調査におけるポイントとなる「視点」「考え方」「対処方法」を凝縮するように努めました。「はっはっは」という読者の笑い声と「そうなんだ，なるほどね」という読者の感想を期待して書き上げました。

　本書が税務に携わる企業担当者の皆様，職業会計人の皆様のお役に立てれば幸いです。

　最後に，3訂版の刊行にあたり，ご尽力いただきました中央経済社の牲川健志氏に心からお礼を申し上げます。

　令和5年2月

あいわ税理士法人

尾　崎　真　司

# はじめに（初版）

　まず本書の特徴としては，一般的によくある税務調査の解説本と異なり，第Ⅱ部，第Ⅲ部において税務調査での調査官からの質問を具体的に示し，その質問から税務調査の対応と対策を解説していることです。これらの質問はわれわれが数多くの税務調査に立ち会った経験から，実際の税務調査においてよくある質問をまとめたものですが，税務調査立ち会いの経験の少ない経理担当者の皆さまにも，税務調査の現場を具体的にイメージして捉えていただくことで，その対応・対策の理解がより深まるものとなっています。

　日本の税制では法人税，所得税，消費税，相続税など主要な税目についてはいわゆる「申告納税方式」が採用され，納税者が自ら納税額を計算して税金を納めることとされています。「税務調査」は，納税者が計算した納税額が税法に基づき正しく計算されているかを税務当局が確認するための手段であり，納税義務を有する個人や会社にとっては，税務調査は避けて通ることはできないものです。

　会社経営者や経理担当者の皆さまの中には「うちの会社は小さな会社だから税務調査は来るはずない」，「毎年赤字だから調査に来たところで追徴はない」とお考えの方もいらっしゃるかもしれません。たしかに，税務調査が行われる頻度に差があることも事実ですが，税務調査が100％行われないという保証はどこにもありません。明日にでも突然，国税局や税務署から「税務調査を行います」という連絡が来るかもしれません。

　税務調査に対して不安を持っている会社経営者や経理担当者の方は多いと思います。その不安は「税務調査になったら必ず追加で税金を納めなければいけないのでは」，「会社の中身を隅から隅まで徹底的に調査されるのではないか」，「調査官に対しどのように接すればよいのか」というような心情から来るので

はないでしょうか。

　税務調査は，法人の場合おおよそ3年から5年の頻度で行われることが多く，特に経理業務の経験がそれほど長くない方にとっては，あまり頻繁に経験をすることはできないものです。また，税務調査の内容は，会社規模，業種，担当調査官によっても異なる部分もあり，税務調査を経験されている方でも，次に同じような内容で調査が行われるとは限らず，その対応に苦労されることもあり，税務調査に関しての情報を得ることもなかなか難しいものがあります。

　しかし，税務調査において調査官が知りたいことは「会社が行った事業活動の結果，会社が納めるべき税金が税法に基づいて正しく計算されているか」の1点であり，調査官の言動や行動はすべてそのためのものです。税務調査があったとしても，調査官に対し税金計算が適正に行われているということを示すことができれば，調査対応時の不安もゼロではないかもしれませんが，軽減させることは充分できます。税務調査があったからといって，追加で納付する税金も必ず生じるものではありません。

　調査官は，税務調査において納税者に対しさまざまな質問を行い，納税者の回答，提示された証憑などから税金計算が適正に行われているかどうかを判断します。税務調査対応のポイントは「会社が行うさまざまな取引が，税法に照らし，適正に処理されているものであるということを証明できるかどうか」です。


　本書では，まず第Ⅰ部において全般的な税務調査対策のポイントを解説しています。

　第Ⅱ部，第Ⅲ部においては実際の税務調査で調査官が会社に対して行う具体的な質問を勘定科目ごとに示し，その質問の意図（調査官は何を見ているのか，何を知りたいのか）を明らかにすることで，会社が行った取引が適正に処理されていることを示すために会社が行うべき具体的な対応と対策を解説しています。

　第Ⅳ部では，平成25年1月以降の税務調査から適用されている調査手続の改

正ポイントを解説しています。

　本書が税務に携わる企業担当者の皆さま，職業会計人の皆さまのお役に立てれば幸いです。

　最後に，本書の刊行にあたり，ご尽力いただきました中央経済社の飯田宣彦氏に心からお礼を申し上げます。

　平成25年1月

あいわ税理士法人

佐々木　泰　輔

佐々木　みちよ

◆　改訂（3訂）にあたって
◆　はじめに（初版）

# 第Ⅰ部　税務調査対応の基礎と実践

ポイント①　究極の税務調査対策は税務リスクの管理にある。・2

ポイント②　相手を知らずして闘えない。税務調査に関する基礎知識を得る。・5

ポイント③　万全な税務調査の実地対応は，慌てないための周到な準備から
始まる。・11

ポイント④　ワンステップ上の税務調査対応を目指す。・18

# 第Ⅱ部　調査官の質問と対応・対策〈貸借対照表編〉

⌊1　現預金／26

⌊2　受取手形・売掛金・未収入金／31

⌊3　貸倒引当金／34

⌊4　商品・製品・仕掛品／37

⌊5　貯蔵品／44

⌊6　有価証券・関係会社株式・子会社株式／46

⌊7　貸付金／52

⌊8　前払費用・長期前払費用／56

⌊9　立替金・仮払金／61

⌊10　有形固定資産（建物・建物附属設備・構築物・機械装置・車両・工

具器具備品）／64

`ブイエス（VS）調査官`

## その1 「だって，先生が行けって言ったんじゃないですか」と言われた
### 調査／71

⑪ 土地／73

⑫ 建設仮勘定・ソフトウエア仮勘定／76

⑬ ソフトウエア／78

⑭ のれん／81

⑮ 敷金・保証金／83

⑯ ゴルフ会員権／86

⑰ 保険積立金／91

⑱ 支払手形・買掛金／94

⑲ 未払金・未払費用／96

`ブイエス（VS）調査官`

## その2 「え！ そんなの出せるわけないでしょ」と言ってしまった調査
### ／100

⑳ 借入金／102

㉑ 未払消費税等／106

㉒ 前受金・仮受金／109

㉓ 預り保証金・預り敷金／112

㉔ 賞与引当金・退職給付引当金／114

㉕ 資本金／120

㉖ 資本剰余金・利益剰余金／125

㉗ 自己株式／127

# 第Ⅲ部　調査官の質問と対応・対策〈損益計算書編〉

⌊1　売上高／132

⌊2　売上原価／134

⌊3　役員給与／137

金額に差異があるのはなぜですか？

### ブイエス（VS）調査官

**その3　「重加算税を課します」と啖呵を切られた調査／142**

⌊4　従業員給与・賞与／144

⌊5　（役員）退職金／147

⌊6　法定福利費／151

⌊7　福利厚生費／153

⌊8　外注費／156

⌊9　支払手数料・支払報酬／158

⌊10　広告宣伝費／162

⌊11　交際費／164

### ブイエス（VS）調査官

**その4　携帯電話のスピーカーで喧嘩腰になってしまった調査／167**

⌊12　会議費／169

⌊13　旅費交通費／171

⌊14　通信費／173

⌊15　地代家賃／175

⌊16　消耗品費／178

⌊17　修繕費／181

この無償配布は誰に対するものですか？

⒅　リース料／183

⒆　保険料／185

⒇　租税公課／187

㉑　寄附金／190

ブイエス（VS）調査官

その5　経営指導料のうち「海外孫会社」に対するものだけが問題視された調査／193

㉒　研究開発費／195

㉓　減価償却費／197

㉔　貸倒損失／199

㉕　受取利息／202

㉖　受取配当金／204

㉗　為替差損益／207

㉘　支払利息／208

㉙　固定資産譲渡損益／210

㉚　固定資産除却損／212

㉛　減損損失／214

㉜　有価証券評価損／216

㉝　有価証券売却損益／218

㉞　子会社株式清算損／220

㉟　法人税，住民税および事業税／222

算定根拠を
説明してください

元審判官によるコーチング

実所得以上の課税がされてしまう推計課税・28

帳簿書類とは・33

貸倒引当金と貸倒損失における「破産法」の取扱いの相違・36

棚卸資産の計上除外と重加算税・41

社内不正と税務調査・45

「意思決定日はいつか」を認定する・50

「客観的に説明できる」と事実認定・53

税務調査を行う権限・60

経験則という判断基準・63

特別償却などのインセンティブ措置には当初申告要件がある・70

形式面（形式的手続）の重要性・75

反面調査・77

ソフトウエアの利用形態を理解する・80

組織再編税制における行為計算の否認・82

役員に対する車両の提供・85

業務遂行との関連性・87

法定調書（支払調書）という租税関係資料・93

税務調査実施上の裁量権・95

未確定債務の別表調整と消費税・98

外貨建借入金の借り換えに伴う為替差損益の認識・103

消費税調査の重要性・108

「収益認識に関する会計基準」と公正処理基準・111

課税当局に対する税務相談・113

退職時に支払われたからといって退職所得ではない・119

信用出資と「出資の金額」・123

利益配当と借用概念・126

みなし配当と固有概念・129

従業員が横領した商品の売却による所得の帰属・133

帳簿書類の保存と不提示・136

減額改定とその後の戻す時期・140

通知の方法・145

分掌変更による役員退職金の分割支給・149

役員賞与に係る法定福利費・152

カフェテリアプランによる福利厚生制度と給与課税・155

源泉所得税にも推計課税が適用されてしまう・157

仮装隠ぺい・160

目　次

株主優待費用の交際費認定・163

重加算税と質問応答記録書・165

社会通念という判断基準・170

質問応答記録書における申述の信用性・172

質問応答記録書における申述が信用できないとされた事例・174

地代家賃に係るフリーレント契約と税務調整・177

１単位の判定はどのように行うのか・180

現場での現物確認の重要性・182

重加算税回避のもう一つの視点・184

給与課税の有無の判断基準・186

1.1倍の過怠税・189

寄附金認定と"べき"論・191

税額控除の対象は損金の額に算入されたものに限られる・196

減価償却費の計上と事業供用日・198

時効の成立と貸倒れ・200

同族会社の行為計算の否認・203

みなし配当と法令用語・206

個人における外貨預金の円転による為替差損益の計算・207

税務における期間の計算・209

公正処理基準は一筋縄ではいかない・211

証明（立証）責任という問題・213

税務調査の早期終結のために・215

裁決，裁判例を有効に活用する・217

譲渡損益の計上時期・219

組織再編税制と租税回避・221

予納制度の活用による延滞税の節約・223

［本文イラスト］　杉崎明子

第 Ⅰ 部

# 税務調査対応の
# 基礎と実践

> **ポイント1**
>
> # 究極の税務調査対策は税務リスクの管理にある。

　究極の税務調査対策は,「取引を行う前に,税務リスクを確認・測定し,そのインパクトの許容度を管理した上で回避策の検討をし,その結果を税務業務に反映させること」です。

　日々の税務処理の中では,当然,明確な判断基準がなく判断に迷った結果「今回は重要性も考慮して,○○の処理でいこう」というものや,「間違ってはいるかもしれないが,少額なのであえて△△という処理をした」,「時間の関係でそこまで調べられない。今回は□□の処理でいったん進めましょう」ということがあるでしょう。では,これはいけないことなのか。著者の私見では,「それはそれでOK」です。すべての税務処理を誤りなくすることが理想ですが,それは実際には困難であり,日々処理を進めなければならない日常業務において,一つの税務処理の判断に必要以上の時間をかけることは費用対効果を考えても合理的ではありません。ただ,重要なのは,「(税務処理の誤りによる)許容度を確認したか」ということです。

　ここで「許容度の確認」とは,仮にその税務処理の誤りが税務調査等で明らかになったとき,「えっ,そんなに多額なの?」「そんな案件聞いてないよ」「どうしてそういう処理をしていたの?」「それ今後の取引にも影響するんじゃないの?」ということにならないように,事前に影響を検討しその上で処理をしたかということです。経理・税務担当の現場で検討をした上で,影響の程度に応じて社内の指揮命令系統に沿って上司に検討の結果が共有され,その共有の結果の税務処理であれば,仮に税務調査において処理の誤りが指摘されたとしても,それは正すべき誤りとして粛々と処理すればよく,大きな問題になることはないでしょう。

　税務調査（後の会社内）で一番問題になるのは，「誰も認識していない事柄について，税務調査で指摘を受け初めてその事実を知る」という状況ではないでしょうか。

　では，事前に検討をするためにはどうしたらよいのでしょうか。それは，取引内容を理解し，そこにある税務リスクを確認した上でその金額的影響を測定し，その結果を税務処理に反映する，という流れを仕組みとして取り入れることが一番です。この一連の流れが「事前に検討をしたか」ということであり，このサイクルが好循環することにより日々の税務業務が改善され，その結果が「究極の税務調査対策」になるわけです。

　さらに付言すれば，このステップが踏まれることにより，自然と「自社の処理方針が明確化され」た上で「個々の取引について税務の視点に立った検討が終わっている」状態になり，あとは，税務調査の場面でそれを「披露」すれば事足りるという（理想の状態になる）ことになるでしょう。

---

**ステップ①　理　解**

　会社が行う取引について，その取引内容を網羅的に理解する。一番重要なステップであるが，企業規模が大きくなり取引内容が多岐にわたるとなかなか困難である。経理以外の部署との連携が欠かせない。

**ステップ②　確　認**

　その取引に税務リスクがあるのか確認する。アンテナを広く張り，疑問に感じたことはそのままにせずあれこれと考えてみる。経理以外の部署からの問い合わせや素朴な質問は重要なヒントになる。

**ステップ③　測　定**

　確認した税務リスクの影響を金額として測定する。金額的影響が分からなければ，重要性の観点からの意思決定ができないため概算のイメージでも構わない。必要に応じて税理士等の専門家の力も借りる。

**ステップ④　管　理**

　税務リスクは回避可能または許容可能なものか検討し管理する。金額的影響や会社取引への影響を踏まえ現状変更をしないという判断も当然あり得る。現場で判断せず経営幹部との情報共有の上で判断をする。

**ステップ⑤　検　討**

　具体的な回避方法，許容度に応じた取引内容（契約）の変更を検討する。取引内容の変更であれば営業・生産等の部署の協力も必要になる。会計処理の変更に関して監査法人との調整も必要になる。

**ステップ⑥　改　善**

　検討の結果を取引内容に取り込み，会計処理と税務処理に反映させる。単に税務処理の改善に留まらず，経営管理機能全般の業務改善の機会とする。税務業務のレベルアップと後進への教育訓練の機会とする。

　著者の経験によれば，上記のステップのうち一番重要なのは「ステップ①」です。実際に行った取引についての理解，そして，これから行おうとしている取引についての認知がなければ何もスタートしないからです。

　会社に訪問し帳簿書類や稟議書を見させてもらい，「この取引って何ですか？」と経理担当の方に質問する機会も多いですが，（残念ながら）「えっ，私も初めて見ました」という反応があることもめずらしくありません。企業規模が大きくなると全ての取引に目を通すことは困難（不可能）ですが，伝票の処理時に「これまで見たことがない取引」「金額が大きく変動した取引」「通常の業務手順（フロー）とは違うルートでの処理」などはイレギュラーな取引であることが多く，税務処理の検討が十分にされていないことも想定されます。上記のような取引があった場合には単に経理処理をして終わりではなく，一歩立ち止まって取引内容の確認をし，その上で税務処理についても確認を行うことが大切です。

　職務権限の関係もありますが，予防的措置という視点では，可能な限り取締役会（経営会議）議事録や稟議書にも目を通してもらいたいところです。

```
ポイント2
```

# 相手を知らずして闘えない。税務調査に関する基礎知識を得る。

## 1．どれくらいやっているのか？

　税務調査がなくなることはありません（税務調査には，実地調査，机上調査，反面調査の三つがありますが，ここでは，調査官が会社に来社し，帳簿書類等の確認を行う「実地調査」を前提にしています）。

　では，税務調査はどれくらいの件数がされているのでしょうか。税目ごとに異なりますが，法人税の税務調査でみると，ここ数年ではおおむね年間10万件弱となっています（ここ何年かはコロナ禍の影響により件数が減っています）。そして，法人税の申告件数が，ここ数年ではおおむね年間2,900万件程度であるため，申告件数に対する税務調査の割合（実調率）は３％半ば程度に過ぎません。法人税の申告をした会社すべてに税務調査が来るには，（数字上は）実に30年かかるわけです。

　他方で，黒字申告をした会社に対する実調率はおおむね10％程度であることから，（当然ではありますが）黒字会社に対する税務調査の割合は高いことが分かります。また，税務調査の件数に対する非違件数（税務調査において税務処理の誤りが指摘され修正申告等がされたものの件数）の割合は70％を超えており，税務調査があると多くのケースで何らかの非違が指摘されているのが実状です。なお，これらのデータは，他の詳細な情報とともに，国税庁のホームページで報道発表資料として毎年11月に公表されます。

　ここ数年の税務調査の傾向としては，「消費税の不正還付事案」「海外取引にかかるもの」「（所得税ではありますが）富裕層への対応」に対する取組みの強化が挙げられます。特に，海外取引や富裕層対策では，国外送金等調書や国外財産調書（財産債務調書）などの法定調書が情報収集のツールとして活用され

ているといわれています。

## 2．どれくらいの頻度で来るのか？

　一般的には，3年から5年程度の周期といわれています。しかしこれは，更正の期間制限（税務調査により課税当局が一方的に処分ができる期間の限度）が通常は5年とされていることから，税務の現場ではそのように理解・認識されているに過ぎず，上記1．からも分かるように，著者の肌感覚も踏まえると実際にはもっと長いように思われます。

　もっとも，その状況は様々であり，毎年のように税務調査があるという会社があるのも事実であり，単純に「所得が多い」という理由だけで税務調査が頻繁にあるというわけではありません。税務職員の人的リソースも限られており，「怪しいところ」から優先的に税務調査がされることは言うまでもありません。一般的には，次のような会社が税務調査の対象になりやすいといわれています。

【 定量的情報によるもの 】

　売上規模が大きい会社／売上が急激に増加している会社／売上の伸びに比べ所得が少ない会社／人件費に大きな変動がある会社／原価が急激に増加している会社／役員報酬が高額過ぎる会社／同業他社と利益率に差がある会社／資産に大きな増減がある会社

【 定性的情報によるもの 】

　過去の調査で不正が発見された会社／不正発見割合の高い業種を営む会社／マスコミ等で話題となっている会社およびその同業者／当期に特別な取引を行った会社（特別損益が計上されている）／内部告発等による情報提供があった会社／消費税が還付となる会社／他の調査先において不正が疑われる情報が入手された会社

## 3．誰が来るのか？

　税務調査は，その法人の本店所在地を所轄する全国を11の地域に分けた各国税局（札幌・仙台・関東信越・東京・金沢・名古屋・大阪・広島・高松・福岡・熊本）および沖縄国税事務所の調査部門，そして各国税局の傘下にある全国524の税務署の調査部門に所属する調査官によって行われます。原則として資本金１億円以上の会社は国税局管轄とされ，資本金１億円未満の会社は税務署管轄とされていることから，この区分に応じて国税局または税務署の調査官によって調査が行われます。

　しかし，この区分はあくまで原則であり，売上や資産の規模に応じて資本金１億円以上の会社であっても税務署管轄となることも多くあります。実際に，上場会社であっても税務署管轄となっている会社もめずらしくありません。また，広域担当として，所轄の税務署以外の税務署に所属する調査官が調査に同行することも間々あります。

　税務調査の実施期間とその実施体制は様々ですが，税務署の調査では，調査官が２名体制で実地調査が３日程度というのが一般的なケースです。もちろん，上場会社ではあるが税務署管轄であるようなケースでは，例えば，調査官が３名以上で２週間程度の実地調査がされるということもあり，まさにその会社の規模次第ということになります。国税局の調査では，規模が小さい場合でも，調査官が３名程度で実地調査の期間が１週間程度というケースから，10名以上で数か月にわたって調査を行うということもあります。

　また，法人税の調査にあわせて（消費税の調査は法人税の調査にあわせて行われます）源泉所得税等や印紙税の調査，さらに法定調書に関する調査が行われることもあり，国際取引が頻繁に行われているような会社については，国際税務専門官という肩書を持った調査官が同行することもめずらしくありません。

[税務調査の実施体制]

| 国税庁 | 税制行政を執行するための企画・立案や税法解釈の統一を行い，国税局・税務署を指導監督する |
|---|---|
| 国税局（12）<br><br>（札幌・仙台・関東信越・東京・金沢・名古屋・大阪・広島・高松・福岡・熊本・沖縄国税事務所） | • 全国を11の地域に分けて各国税局が管轄（プラス沖縄）<br>• 原則として資本金が1億円以上の会社が対象になるが，売上や資産の規模に応じて決定される<br>• 大規模会社の調査となるため，小規模な場合で調査官の数は3名〜5名程度，調査期間は1週間〜2週間程度となり，大規模法人の場合は，調査官の数は10名を超え，調査期間も数か月にわたることが多い |
| 税務署（524） | • 本店所在地を管轄する税務署<br>• 一般的には2名程度（ベテランと若手）で調査を行い，調査期間は3日程度で終わることが多いが，規模に応じて，1週間〜2週間程度となることもある |

## 4．いつ頃来るのか？

　税務調査は通年で行われていますが，国税庁の人事異動のタイミングが7月であり，7月から翌年6月を一つの事務年度として行政が進んでいることから，新しい事務年度がスタートし，税務調査に向けた諸々の準備が終わった9月頃から本格的な実地の税務調査が始まります。特にこの時期から始まる税務調査は，新しい事務年度がスタートした最初の調査であるため，一般的には，調査の優先度の高い会社が選定されているといえます（したがって，調査官もやる気十分でやって来る，ということになります）。

　その後，「12月まで」および「3月まで」を一つの区切れとして，それぞれの期間を目途に調査が進められます。調査官は年間に複数の会社の調査を（場合によっては並行で）行っていることから，「この会社の調査は○月くらいまでに終わらせて，その次の調査先は□月くらいから始める」ということを常に考えているわけです。そして，最終的には6月が事務年度末となるため，そこをターゲットに税務調査が終わるようにスケジューリングをします。

　もっとも，すべての調査が予定通りに進むわけではないため，調査官は，事務年度末までに調査が終わりそうか，あるいは，翌事務年度に継続案件として引継ぎを行うのかということを4月くらいのタイミングで判断することになり

ます。したがって，予め翌事務年度に継続案件として引き継ぐことを前提にしている場合は別として，「6月までに調査を終わらせたい」という意向を調査官が持っている場合には，「あっけなく終わってしまった」と感じるような調査があるのも事実です。

　なお，（特に上場会社の）法人税の調査では，自社の決算月までに調査を終わらせて当該決算に調査の結果を反映させたい（特に追加納税が発生する場合は，追徴税額および加算税を決算書上計上しておきたい）という意向が働くことがありますが，こうした会社側の意向への調査官の対応はケーバイケースということになります。

　調査官としてこの意向をことさら無視（拒否）することはありませんが，当然ながら調査の進行状況次第ということであり，あるべき手順にしたがって粛々と進められることになります（そういう中で「頑張って早く進めましょう」ということはあります）。

### 5．調査は受けなければならないのか？

　査察調査は裁判所の許可状により行われる強制調査であるため，納税者はこれを拒否することはできませんが，一般の税務調査は任意調査であるため，納税者は調査を受けることを強制されません。

　しかし，国税通則法において，（合理的な理由もなく）「当該職員の質問に対して答弁せず，若しくは偽りの答弁をし，又はこれらの規定による検査，採取，移動の禁止若しくは封かんの実施を拒み，妨げ，若しくは忌避した者」には1年以下の懲役または50万円以下の罰金を科す，との定めがあることから，間接的な強制性があるとされ調査を拒否することは実際には困難です。

　なお，例えば，強制調査であれば「納税者の断りなく机の引き出しを開ける」ことは調査官の権限として認められますが，任意調査の場合は，原則としてそのような行為は認められません。権限の「行使に際しては相手方の承諾を要し，その意思に反して行われる調査は，任意調査として許される限度を超え違法となると解される」とされているからです。したがって，調査官が「勝手

にカバンを開ける」「断りなく部屋に入る」「知らないうちに納税者のパソコンを操作している」ということがあれば，それは違法な行為に該当する可能性があるわけです（もっとも，最近の調査ではそのような行為をする調査官は皆無であると思われます）。

　他方で，調査の方法は，権限ある調査官の合理的な選択に委ねられるとされているため，その裁量は広く解されています。

　しかし，実地調査対応の心構えとして，調査官の発言および行動に疑問や不信感を持った場合には，「そういう言い方はやめてください」「なぜ，その資料が必要なのですか？」など，こちら側が思っていることをきちんと調査官に伝えることも重要です。必要に応じて顧問税理士にその旨を伝え，税理士に対応を依頼することもよいかもしれません。調査は人と人のやりとりで成立しています。無用な不信感を持ったままでは，あらぬ疑いをかけお互いの言動もとげとげしいものになってしまいます。

> ポイント3
>
> ## 万全な税務調査の実地対応は，慌てないための周到な準備から始まる。

## 1．税務調査の流れ

税務調査は，一般的に次のような流れで進行します。

### ①　調査実施の事前連絡

税務署（国税局）から実地の税務調査を行う旨，および調査対象期，調査時期等について，通常は電話で連絡があります。この連絡は，原則として，納税者および税務代理人（顧問税理士）の双方に連絡がありますが，納税者について税務代理人がある場合において，納税者の同意がある場合として申告書に添付した税務代理権限証書にその旨の記載があるときは，その納税者への通知は，その税務代理人に対してすれば足りるとされています。

### ②　社内における事前準備

通常は課税当局から事前に資料準備の依頼があるため，それに基づき資料の準備を行います。過去の税務調査における指摘事項の振り返りやその後の申告における懸念事項の再確認などの情報共有を顧問税理士と行います。

そして，必要に応じて，保管資料の整理や社内への周知なども行います。税務調査では，工場・倉庫・店舗などに赴いて，固定資産の実査，棚卸資産の管理状況の確認，店舗における領収書や印紙の管理方法の確認などが行われることもあるため，これらの事業所における周知も必要になります。

### ③　実地の調査対応

調査初日は，挨拶および会社の事業概況の説明（ヒアリング）から始まり，

順次，帳簿書類の確認や各部署へのヒアリング，疑問点の質疑応答などが行われます。調査官の依頼に応じて追加の資料準備やヒアリングの設定などを行いますが，調査によっては予め調査するポイントを絞っていることもありますので，その場合には，調査冒頭からかなり突っ込んだ質問や個別具体的な追加の資料依頼があることもあります。

④　調査の終結

実地調査が終わり，課税当局からの最終的な指摘事項がまとまると「調査結果の説明」が行われます。これは，国税通則法に定められた重要な手続きであり，これを無視して調査を終えることはできません。

指摘事項に納得した場合には修正申告を行い，本税および加算税等の納税をもってすべての調査手続が完了することになります。なお，指摘事項に納得がいかないときは，更正決定を選択することになります。

## 2．事前の連絡

<u>税務調査を行う旨</u>，調査の開始日時，開始場所，調査の目的，<u>対象税目</u>，<u>対象期間</u>，対象となる帳簿書類等，納税義務者の氏名・住所，調査担当職員の氏名・所属官署，日時・場所は変更が可能である旨，通知事項以外でも税務調査が可能である旨，の11項目が事前に通知（原則として電話での連絡）されます。

この事前通知は，税務調査手続の透明性の確保を目的に国税通則法に定めが置かれています。もちろん，調査前に書類の改ざんや隠ぺいが行われる可能性があると課税当局が判断した場合には，事前連絡なく抜き打ちで調査が行われることも認められています。

また，正確には，「事前通知」の前に「調査通知」がされる（上記11項目のうち下線の3項目のみが通知される）のが一般的であり，これは，過少（無）申告加算税の賦課を免れる確信犯的な申告行為を防止するために設けられた措置であるとされています。

この「調査通知」の前に自主的に修正申告を行った場合には過少加算税は課

されませんが（無申告加算税は５％に軽減される），この通知後に修正申告を行った場合には加算税が課されることになります。通知すべき事項を少なくし，とりあえず「調査をします」と簡易迅速に宣言することで，意図的な加算税逃れを防止しようとしているわけです。

　なお，事前通知では，調査の開始日時（いつからいつまでの期間で調査を行うのか）を通知することになっていますが，納税者側から合理的な理由の提示（説明）があれば，調査の開始日時の変更を求めることができます。合理的な理由の代表例としては，「社長や調査対応すべき者が（出張等で）不在である」「決算作業の時期と重なり調査対応ができない」が挙げられますが，調査官としても効率的に調査を進める観点から，これらの事情には比較的柔軟に対応をしてくれます。


### 3．事前の準備

　調査を効率的に進めるために，口頭（電話）または書面で（来社して）準備すべき資料の依頼・説明があります。

　最近では，コロナ禍や働き方の多様化などを背景にした在宅勤務の増加などにより，税務調査対応を行う経理部員がほとんど出社していない（経理業務がリモートワークで完結してしまう）ということもめずらしくありません。

　ケースバイケースですが，このような会社の状況確認も含め，資料依頼の説明も兼ねて調査前に調査官がやって来ることもあります。その際には，「何の資料を」「どのように（紙かデータか）」「いつまでに」用意するか，確認・交渉をします。最近では，パソコン・プリンター・資料保管のためのキャビネットなどの準備依頼も多くあり，大規模法人の調査では，共用サーバーでデータの授受や質問・その回答をやりとりすることもあります。

　なお，一般的には，次頁図のような資料の準備を依頼されることになりますが，必ずしも調査開始時までにすべての資料を完璧に揃えておく必要はなく，今ある資料を可能な限り揃えておくというスタンスで問題ありません。

[準備資料とそのポイント]

| 資　料 | 目　的 | チェックポイント・知っておくべきこと |
|---|---|---|
| 会社案内 | 会社の概況を把握するため | 調査官は通常，ホームページなどで事前に確認してくる |
| 組織図 | 部署の責任者などを把握するため | ヒアリングをする部署・人を特定する |
| 社内配席図 | 連絡や実在しているかの確認のため | 架空人件費のチェックなど |
| 社内規程 | 処理の基準を把握するため | 特に経済的利益に関するものに注意 |
| 議事録・稟議書 | 意思決定資料，取引の経緯を確認するため | 大きな動き，特別な取引の当たりをつける |
| 賃金台帳 | 給与関係の調査資料として | 住民税の扶養是正の資料もあわせて見る |
| 給与振込口座 | 入金状況を確認する | 不正な入金（リベート・横領）や過大な支出の確認 |
| 取引先名簿 | 仕入・売上関係の調査資料として | 反面調査の資料として |
| 株主名簿 | 資本関係のある者を確認するため | 株式の移動がある場合には，個人等にも波及 |
| 業務フロー | 実際の経理処理のフローを確認するため | 誤りが起きやすいフロー，ヒアリング事項を確認 |
| 契約書 | 取引の根拠資料として | 改ざんや事実と異なる点はないか |
| 帳簿・証憑 | 総勘定元帳で科目ごとに確認するため | 改ざん，脱漏，偽造はないか |
| システム関係図 | 会社の会計・業務関連システムの確認 | 効率的な調査のための方法論を検討 |
| 内部監査報告書 | 指摘事項の端緒を探すため | 手っ取り早く指摘事項を探すことができる |

　また，調査官は，過去の調査内容を確認してから調査に来ます。過去の指摘事項につき，改善されているかについても当然確認します。顧問税理士（経理部門）が認識している「税務リスク」についての情報を関係者で共有することも大切です。情報が共有されていれば，「（聞かれたことには答える必要があるが）必要以上のことは言わない」ということが徹底されるはずです。

## 4．実地調査時の対応

　調査官が2名で実地調査が3日程度の税務署による調査のケースでは，下記のようなスケジュールで調査が行われるが一般的です。

　調査官側は，実地の調査は担当しない調査部門の責任者である統括調査官（総括主査）が同席することもあります。調査官は，事前の下調べをもとに調査のポイントを探りますが，3日間の調査といっても実働は2日程度の時間しかないため，3日間の実地調査ですべての結論が出ることはありません。

　最終日の夕方前には一応の総括がありますが，この場では，その時点における発見事項とそれに対する調査官の判断（問題点や誤処理の指摘）および持ち帰って継続検討する事項（何が気になっているのか）の説明が行われます。あわせて，未受領の資料確認と追加の資料依頼が行われます。

[一般的なスケジュール]

| | | | |
|---|---|---|---|
| 1日目 | 10：00〜12：00 | 挨拶概況説明 | 調査官，会社代表者，会社担当者，顧問税理士が一堂に会し，挨拶，会社の概要等の説明を行います。 |
| | 13：00〜16：00 | 調査 | ヒアリングや関係資料により取引内容を確認していきます。一旦帰署するため，夕方は比較的早めに帰ります。 |
| 2日目 | 10：00〜16：00 | 調査 | 同上 |
| 3日目 | 10：00〜15：00 | 調査 | 同上 |
| | 15：00〜16：00 | 総括 | 調査による（一応の）指摘事項を取りまとめ，会社へ伝達し，臨場しての調査は一旦終了します。ただし，これで調査が終了することはなく，追加の資料依頼，確認事項の検討を経て，最終的な指摘事項がまとまります。 |

　実地の調査は，証憑類の確認や経理その他の部署へのヒアリング，それを受けた質疑応答が中心となります。必要に応じて，適宜，追加の資料準備やその説明などを行い，調査官の疑問点を解消していく作業が中心となります。また，

その際には必ず，質疑の内容とその回答，提出した資料の内容（そのコピー）を記録に残すようにし，その情報を経理部内で共有できるようにしておくことも大切です。

　なお，調査時の質疑等においては，「嘘はつかない」「後から事実と異なる資料を創作しない」ことは当然として，「（聞かれたこと以外の）余計なことは言わない」「曖昧なまま回答しない」「分からないことは分からないと言う」「憶測や想像で回答しない」ことが重要です。

　不用意に発した言葉が後々いろいろなことに波及しないとも限らず，不正確な情報は調査官・納税者双方にとって無益なものだからです。それも踏まえ，調査官による経理以外の部署の社員へのヒアリング時（あるいは調査官への説明時）には，どういう話の内容であるかを事前に確認し，なるべく経理担当者も同席するようにします。


## 5．調査の終結

　実地調査およびその後のやりとりが終わると，調査官から「○○の事項について誤りがありますので修正をしてください」という，最終的な「調査結果の説明」が行われます。この際に（場合によっては，調査官が作成した書面を用いて）調査官から指摘事項の内容および金額の説明があり，この段階で，追徴税額とそれに伴う附帯税（過少申告加算税・無申告加算税・不納付加算税・重加算税・延滞税）の概算額の提示があるのが一般的です。

　調査官からの指摘事項に納得した場合には修正申告を選択し，納得がいかない場合には税務署長が職権で処分を行う更正決定を選択し，その後に不服申立をするかどうかの検討を行うことになります。

　ただし，更正決定を選択しその後に不服申立を行う場合でも，余計な延滞税の賦課を避けるためにこの段階ですべての納税を済ませるのが一般的です。もちろん，納税をしたからといって，課税当局の主張を認めたことにはなりません。

［調査終結の流れ］

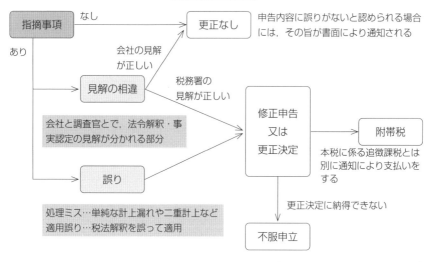

　通常，調査官はまず修正申告を勧奨してきますが，必ずしもこれに応じる必要はありません。しかし，更正決定は課税当局内における審理手続などで決定通知が出るまでに時間がかかるため，調査官の指摘事項に納得し早期の調査終了を望む場合には，修正申告を選択することになります。修正申告は納税者が自ら誤りを認め修正申告書を作成するものであるため，修正申告に応じるとその後において不服申立をすることができないことにも留意する必要があります。

# ワンステップ上の税務調査対応を目指す。

## 1. 調査時の税理士の立会いとその役割

　実地調査の際に顧問税理士が（どの程度）立会いをするかどうかは，一義的には会社が判断すべき事柄ですが，税理士はその場に「居るだけ」ではなく，会社と課税当局の意思疎通を仲介する役割も兼ねています。そして，会社からの不用意な資料提出や発言がないようにも目を配っています。そういう点では，調査にも慣れており経理体制もしっかり整っている会社の場合には，現場での対応はある程度会社に任せ，必要に応じて調査の進捗状況や懸念点を税理士と共有すれば問題ないといえます。

　調査が進むと課税当局は，生産や営業などに従事する社員へのヒアリングも求めてくることがあり，また，追加の資料依頼もより細かいものにシフトしていくことになります。

　しかし，ヒアリングの回数が増え資料依頼の量も増えてくると，この対応は会社にとってもストレスとなってきます。通常業務の時間を割いて調査対応をしているので当然のことといえます。このようなときは，立会いをしている顧問税理士を活用するとよいかもしれません。著者はクライアントの状況を見ながら，「調査官は何を知りたいのですか？」と単刀直入に聞くようにしています。そして，クライアントに「それが分かる資料（その資料を一緒に考える）」をピンポイントで準備してもらうのです。

　調査官は，当然ながら，その会社のビジネスとその仕組みを完全に理解しているわけではないため，資料依頼や質問の内容が的を射たものではないこともあり，さらに，調査内容について，自身の上席者などから細部にわたる説明を求められることもあるため，その対応のためにいろいろなことを確認し質問し

てくることもあるわけです。そういう事情を理解し，それを踏まえた対応をすることで，調査がスムーズに進むこともあるかもしれません。

## ２．早めの対応が重要となる

　国税局の調査で調査期間が長期間にわたる場合には，いずれかのタイミングで中間報告的なものを課税当局に依頼するのもよいかもしれません。これに応じてくれるかどうかにより，ある程度争点の目星がついているのかどうかの判断ができ，必要に応じて早期に説明・反論を行うことで有効な対応が可能となる場合もあるからです。

　現場の調査官は，日々，調査の状況を上席者に報告するわけですが，上席者から「これは否認できそうだからもっと調べろ」と指示されてしまうと現場の調査官はそれに対応せざるを得ず，そのために調査が長引くことも想定されます。しかし，その上席者に調査の状況をどのように報告するかは現場の調査官次第であり，「これを否認するのは無理そうだな」と早期に現場の調査官に思わせることで，指摘事項の芽を事前に摘むことができるわけです。現場の調査官は，（ことの是非はさておき）「それを見なかったことにする」ことができるのです。

　また，ある争点について双方が議論をしていくと，いつの間にか前提条件の理解が不正確になったり，議論が派生し争点がぼやけてしまうことがあります。そのような場合に有効なのが「反論書」などの書面作成です。この書面の中で証拠や事実関係を整理し，その上で争点を端的に示し，納税者側の主張をその根拠を示しながら明らかにするのです。

　口頭での議論はあやふやで感情的になってしまうこともあります。書面作成には労力もかかりますが，事実関係や主張が整理されることで自身の主張の正当性も冷静に判断できるようになります。このような書面は後々まで調査関係資料として残るため，書面を受け取った課税当局もその書面を無視して調査を進めることはありません。納税者の主張について，それを確認し検証する必要があるからです。

## 3．重加算税と質問応答記録書への対応

　所得の過少申告に係るペナルティー（過少申告加算税）は原則10％とされていますが，その過少申告が「仮装隠ぺい」による場合には，非常に重いペナルティーである重加算税（35％）が課されることになります。重加算税を課すことができれば調査官の評価が上がるとされていることから，調査において仮装隠ぺいに当たるとの指摘は間々あることです。国税庁から公表されている報道発表資料によると，実地調査のうち70％以上の割合で非違事項が発見され，さらにそのうち20％以上の割合で不正計算が指摘されています。

　仮装隠ぺいの意義は，その態様も様々であり過去の裁判例を見ても必ずしも一義的ではありませんが，端的には，「二重帳簿の作成」「帳簿書類の破棄・隠匿」「帳簿書類の改ざん・虚偽記載」などの行為がこれに当たります。これらは非常に分かりやすいケースですが，実際には，会社が行った行為が仮装隠ぺいに当たるかどうかの認定が非常に困難な場合があります。

　例えば，「売上の除外」なのか「売上の計上もれ」なのかです。言葉の綾ではありませんが，「除外であれば仮装隠ぺいに当たりそうだが，計上もれは仮装隠ぺいには当たらない」と直感的には感じるところかと思います。したがって，税務調査では，「仮装隠ぺいが疑われる取引以外の取引はどうなっているのか」「売上の計上フローはどのようになっているのか」「その取引に関与した社員は何と言っているのか」「他の社員の証言はどうなっているのか」「取引先との口裏合わせはあるのか」など，様々な資料（事実関係）から判断（事実認定）をしていくことになります。

　しかしながらそれでもなお，この認定には困難さが伴います。そこで登場するのが「質問応答記録書」です。質問応答記録書とは，重加算税を課すに足る証拠がない（不足する）場合に，課税当局がこれを証拠として活用するために作成する行政文書で，最終的に納税者の署名押印が求められます。要は，「私がやりました」という証言をとる書面ということになります。

　しかし，この書面作成に協力する義務は納税者にはありません。もちろん調査であるため，聞かれたことに対して回答する必要はありますが，それ以上の

協力は不要ということです。「質問応答記録書の作成には協力する」という税理士もいるようですが，納税者にとって不利益にしかならないことに対応する必要などはありません。

## 4．「税務上は」というマジックワードには注意

　調査の場面では，「税務上は」という発言（言葉）を耳にすることが多いかもしれませんが，これには要注意です。もちろん，調査の場面に限ったことではありませんし，そういう言葉を使うこと自体が間違っているわけではありません。しかし，税務処理は原則として，会計（公正なる会計慣行）や民法，会社法等の私法上有効に成立した取引を前提にしているにもかかわらず，税務というテクニカルな狭い範囲にだけ目が向いていると，この大原則を時として忘れていることに気が付かないことがあります。

　著者がかつて経験した調査において，調査官は「（ある取引について）少なくとも税務上は売上に計上してください」と指摘してきたことがありました。著者の主張は，そもそもその取引は「得意先の（買うという）意思表示が明確にされていないので，売買契約は民法上有効に成立していない」「だから売上に計上すべきものではない」と主張しているにもかかわらずです。

　民法555条では「売買は，当事者の一方がある財産権を相手方に移転することを約し，相手方がこれに対してその代金を支払うことを約することによって，その効力を生ずる」とされており，（当然ながら）売手と買手の意思の合致があって初めて売買契約が成立（売上を計上する必要が生じる）することになります。調査官は，この民法の考えをまったく無視しているわけです。

　意思表示があったか否かについては事実認定の問題となりますが（なので，この点を争うのであればそれはあり得ます），当方が，民法上は契約が有効に成立していないと主張しているにもかかわらず，「税務上は」という調査官の主張（反応）は全くの論外で議論にならないと言わざるを得ません。しかし残念なことに，往々にしてこのようなマジックワードを疑問に感じていない調査官が多いのも事実です。

## 5．会社にとって守るべきものは何か

　例えば，IPO準備会社にとっては，内容のいかんを問わず重加算税の賦課決定は絶対に避けなければならないことです。特に，役員が関与した取引が仮装隠ぺいに当たるとして重加算税が賦課された場合には，IPO審査に多大な影響があるのは言うまでもありません。上場を目指そうという会社の役員としての資質と会社の管理体制が問われるからです。

　では，非上場の同族会社では，調査の結輪において何が重要なのでしょうか。その視点は様々ですが，否認額の絶対額なのか（少しでも追加納税が少なければよい），とにかく早く調査を終えて欲しいのか，今後の取引に影響のある否認項目は許容できない等々。上場会社のケースでは，役員が関与した取引が仮装隠ぺいに当たるとして重加算税が課されることを（最悪）許容できたとして，「租税回避」「脱税」「裏金」「不正」などのキーワードでインターネットや新聞での記事になりやすいような指摘事項は，絶対に避けたいということもあるかもしれません。

　つまり，会社によって「守りたいこと」と「その重み」は異なり，さらに言えば，調査官にも「守りたいこと（譲れない一線）」があるかもしれません。この点を十分に理解して，調査の最終局面に臨む必要があります。

　本来，調査において「和解」はありません。税務調査で明らかになった処理の誤りはすべて修正をすべきであり，白黒はっきりしないものは，とことん検討を重ねそれを明らかにする必要があります。しかし，実際にはそうではありません。それぞれの事情（守りたいことの優先順位）に応じて「○○は認めるので，△△は指摘事項から外してください」「□□の指摘事項だけでよければ，今すぐに修正申告します」という類の対応は当然の交渉であり，むしろ，そこを十分に認識した「和解」が求められることになります。

## 6．調査後の対応を見据えて

　調査で自らの主張が通らなかった場合には，修正申告はせずに更正決定を受け，その後の不服申立制度（再調査の請求，審査請求）の活用を検討すること

になります。

　処分に納得がいかない場合は積極的に不服申立制度を活用すべきですが，この場合に大事なことは，その処分内容が不服申立に適した事案であるかどうかの見極めです。端的には，事実認定が不十分なまま処分に至ってしまったものは不服申立制度を活用することで判断が覆る可能性が相対的に高く，課税当局内で先例のあるものや法令解釈で争いになっているものは不服申立には適さないといえます。

　税務調査は「人と人」の人間関係を前提にした交渉事であり，また，調査には時間的制約もあります。人間の感情には「好き嫌い」があり，性格的に「合う合わない」ということもあります。もちろん，この「感情」だけで調査の結論が変わることはあり得ませんが，（ことの是非はさておき）この「感情」が邪魔をして，そして，調査にかけることができる時間的制約も重なって，納税者の主張の汲み取りや判断の前提となる事実認定が不十分なまま（あるいは，納税者側の主張が十分に伝わらないまま）調査が終結してしまうことがあるのも（残念ながら）事実です。

　審査請求において重加算税に関する取消裁決が多いのはまさにこれが原因の一つであるといえ，審査請求では，例えば，仮装隠ぺいの当てはめの前提になる「納税者はどういう行為をしたのか」という点についてしっかりとした調査審理が行われます。他方で，行政判断の統一の観点から審査請求で先例のある事案はこれを覆すことは困難であり，法令解釈が争いになっている事案は裁判で解決を図るべきであるとする傾向（考え）があるのも（著者の経験によれば）事実です。したがって，これらの類型に属する事案については，これを審査請求で判断を覆すのはなかなか困難であると言わざるを得ません。

　いずれにしても，納得がいかない指摘事項がある場合には，訴訟まで見据えた対応が必要となり，それを踏まえ「調査での総括」でどう闘うのがベストなのかを判断する必要があります。

第 **II** 部

# 調査官の質問と対応・対策
## 〈貸借対照表編〉

# 1 現 預 金

**調査官が知りたいこと**

1．現金の管理体制に問題はないか？
2．現金商売の場合，現金の流れはどのようになっているか？

**対応と対策**

## 1．日頃から現預金の管理は厳格に行う

　会社は「人」「物」「金」の集合体です。すべての取引は「金」に始まり「金」に終わります。

　現預金の管理は会社の経営管理の原点です。それだけに，現預金の管理体制は，経営者の経営姿勢を色濃く反映します。現預金の管理ができていなかったり，管理体制の中に不正が起こりやすい仕組みが内在していたりすると，経営者の経営姿勢自体に疑念を抱かれ，会社の取引全般について調査官に「何となく怪しい」という印象を与えてしまいます。そうすると，その後の税務調査が厳しく行われることになるのです。

　調査官は，恣意的な操作可能性が高いものを重点的に調べます。特に現金は操作可能性が高いことと，まずは調査対象会社の経営体質全般を探るという目的から，税務調査では最初にチェックされる項目の一つです。実際に，現金の管理体制が甘い会社ほど，売上計上漏れや売上除外の指摘を受けることが多いものです。経営者に売上除外の意図がまったくなくても，管理体制が甘いことが原因で，従業員に不正を行う隙を与えてしまっている場合もあります。

　税務調査の冒頭であらぬ疑いを持たれないためにも，日頃からの現預金管理

を厳格に行う経営姿勢が何より重要です。

## 2．現金売上から銀行入金までの手順をルール化して，売上操作の余地がない仕組みづくりをする

　特に現金商売の場合，売上伝票と現金残高を操作することにより売上の除外を行っていないかが重点的に調査されます。具体的には，以下の項目について確認がなされます。

①　現金売上時の伝票処理はどのようにしているか

②　売上の都度，現金の出納処理をしているか

③　閉店後の現金は会社で管理しているのか，銀行の夜間金庫に預け入れているのか，代表者個人が管理しているのか

④　銀行口座への預入れのタイミングはいつか

⑤　売上金額と預入金額に相違はないか，相違がある場合の理由は何か

⑥　売上から銀行入金までの処理に誰が携わっているのか

　調査官は，これらの中から，実際の現預金の出入金処理に不審な点がないかを確認します。調査官が事前に客として来店し，その売上が計上されているかチェックすることもあります。

　また調査官は，これら一連の流れの中に不正が起こりやすい仕組みが内在していないかを確認します。調査を受ける側としては，現金売上から銀行入金までの処理手順をルール化し，複数名の担当者が携わることとしてチェック体制を設けるなど，仕組み上，現金売上を操作する余地がないことを明確に示すことが重要です。

　そのためには，現金・預金でそれぞれ次のような管理が行われていることが望まれます。

| 現　金 | 預　金 |
|---|---|
| ● 現金実査の毎日の実施（金種表の作成） <br> ● 金庫は担当者以外開けることができない状況にする（鍵の管理を含めて） <br> ● 現金出納帳の記帳 <br> ● 実査の残高と出納帳残高の突合 <br> ● 突合は2人以上で行い，差異がある場合には必ず再度の実査，出納帳の確認を行う | ● 総勘定元帳の残高と通帳残高の突合 <br> ● 預金通帳と銀行印の管理者をそれぞれ別の者にする <br> ● インターネットバンキングでの振込データ作成者と承認者をそれぞれ別の者にする <br> ● 振込は，必ず責任者の承認を得てから行う |

## 実所得以上の課税がされてしまう推計課税

元審判官 による コーチング

税務調査において，税金の額が推定して決定されてしまうことがあります。これを「推計課税」といいます。現金商売などで売上伝票や領収書などがなく，提出された帳簿書類が不正確な納税者（青色申告事業者を除く）や帳簿書類の提示がない場合などに推計課税が行われます。推計課税の場合，実所得を超える課税がされてしまうこともあるため，その対応には十分に留意が必要です。

質問2　現在の現金残高と現金出納帳を見せていただけますか？　また，預金通帳・当座勘定照合表と期末時点の銀行残高証明書を見せてください。

調査官が知りたいこと

1．現金残高が常に現金出納帳残高・現金金種別実査票と照合されているか？　金額が一致しているか？

2．現金出納帳の入金・出金は正しく記載されているか？

3．会社の預金口座から同族関係者宛の出金はないか？

**対応と対策**

## 1．現金残高と現金出納帳残高の照合は毎日行い，金額の一致を確認する

　調査対象期間は過去の事業年度ですが，税務調査では，調査当日の現金残高と現金出納帳残高の照合が行われます。これらは毎日照合され，金額は常に一致していることが当然だからです。調査官は，単に調査当日の現金残高を調査しているのではなく，会社の現金管理体制や，その裏に隠れている会社の不正体質を探っているのです。

　もしも，税務調査時点の現金残高が出納帳残高よりも少ない場合は，何らかの入金処理の後に不正に現金が抜かれたと調査官に疑われることになるでしょう。反対に，出納帳残高が現金残高よりも少ない場合は，帳簿を不正に改ざんして，これから現金を抜くつもりだったのではないかと勘ぐるでしょう。いずれにしても，これらの残高が合致していないということは，その会社は，あらゆる取引において処理の誤りや不正が発生しやすい状況にあるということを示すことになります。

　税務調査の冒頭でつまずかないためにも，日頃から現金残高と出納帳残高の照合は欠かさず行いましょう。

## 2．現金出納帳の出入金状況は正しく記載し，不明瞭な点や異常・矛盾がないようにする

　現金出納帳を確認する際，調査官は以下の異常や矛盾をチェックします。

① 　現金出納帳残高が異常に多額となっていないか

② 　計算に矛盾はないか

③ 　現金出納帳がマイナス残高になっていないか

④ 　出入金の相手先は明確か

⑤ 　出入金の根拠資料は保管されているか，現金出納帳上の金額と簡単に照合可能となるように整理されているか

⑥ 　代表者個人の現金が混入していないか

　これらに異常があると，会社の取引全般に疑念を抱かせるきっかけになりま

す。特に，領収書等の保管がない場合や，保管はしているものの整理が不十分
で，出金額との照合に手間取る状況にある場合は，不正な出金が隠れているの
ではないかと疑われても無理はありません。面倒でも，日々発生する領収書は
誰が見てもわかるような整理を心がけましょう。

## 3．同族関係者に対する出金は，目的を明確に説明する書類を準備する

　会社の預金口座から代表者や同族関係者に対する出金がある場合は，税務調
査において出金の理由と処理の適否について確認がなされます。銀行に対して
反面調査を行うことにより，会社側の処理が正しいかチェックされる場合もあ
ります。銀行調査では，会社の預金口座だけでなく，代表者やその他関係者の
預金口座の動きも調査される場合があります。

　同族関係者に対する出金がある場合には，社内稟議書や取締役会議事録，契
約書などの書類を必ず作成し，出金目的を明確に説明できるようにしておくこ
とが必要です。

　また，代表者や同族関係者名義の預金通帳が会社の金庫に保管されていると，
会社の簿外預金口座ではないかという疑念を抱かれることになり，調査官にそ
の出入金状況まで説明しなければならなくなります。日頃から，会社と個人の
資金は明確に区分しておくことが重要です。

# 2 受取手形・売掛金・未収入金

> **質問3** 注文書・見積書・受注伝票・売上伝票・出荷伝票・納品書・検収書・請求書・領収書等，売上に関する帳簿書類を見せてください。

**調査官が知りたいこと**

1. 受注から代金決済までの流れは？
2. 売掛金回収サイトは？　売掛金残高に異常はないか？
3. 翌期にカード会社から入金されたもののうち，当期分の売上はないか？

**対応と対策**

**1. 帳簿書類を整備し，書類上の整合性をチェックできる業務フローを構築する**

　売掛金のように，期中の変動が大きくて期末残高が多い勘定科目は，不正に使われやすいという傾向があります。少々の異常な出入金があっても，日常の金額の動きに紛れてしまうからです。

　調査官は，物やサービス提供の流れとお金の流れにつじつまの合わないところはないかを調査します。受注伝票・出荷伝票・売上伝票・納品書・検収書・見積書・請求書・領収書等から物やサービス提供の流れと代金決済状況を把握し，帳簿上の金額と照合することにより取引全容の確認を行います。

　調査を受ける側としては，これらの帳簿書類を作成・保存するのはもちろんのこと，書類相互の金額に整合性が保たれていることを日々確認しておく必要があります。さらに，整合性のチェック体制に関する社内ルールと，受注から資金決済までの業務フローを構築するとともに，日常業務の中でそれらが正しく運用され，ミスの発生や操作可能性の介入余地がないことを調査官に示すことが重要です。

## 2．売掛金発生時期と発生金額，回収予定を常に把握し，異常な残高はその理由を説明できるようにする

売掛金を確認する際，調査官は以下の点をチェックします。

① 通常の回収サイトから外れて長期滞留しているものはないか

長期滞留は粉飾決算の可能性があります。

② 長期滞留しているものについて，発生経緯そのものに異常はないか

役員に対する貸付金など，売掛金でないものが科目仮装により混入している可能性があります。

③ 販売管理システム上の残高と帳簿上の残高とが一致しているか

一致していない場合は，転記ミスや何らかの人為的操作の介入が疑われます。システム上で連動されていない場合はなおさらです。

④ 売掛金の消込みが規則的に行われていないもの，残高がマイナスのもの，計上額と消込額が整合的でないものはないか

売上の計上漏れがあると，売掛金発生額と消込額とが一致しなかったり，売掛金残高がマイナスになったりすることがあります。過年度に貸倒処理した売掛金が回収された場合に，収益計上せずに売掛金回収として処理している場合にも，売掛金残高がマイナスになります。

売掛金は売上に対応する重要科目です。売掛金残高に異常があるということは，売上計上額に異常や誤りがあることを意味し，単なる計上ミスではなく故意に売上除外した可能性を疑われます。各決算期の売掛金残高は，得意先別に発生時期と発生金額，回収予定時期を把握し，通常の回収サイトを外れている場合にはその理由を明確に説明できるようにしておく必要があります。

## 3．クレジットカードによる売上は，カード会社からの入金日ではなく，売上発生日に計上する

「うちは小売業で現金商売だから，売掛金なんて発生しない」と考えている経営者の方が多くいます。しかし，小売業でもクレジットカードによる売上は

売掛金として処理しなければなりません。税務調査では，翌期にカード会社から入金された金額の中に，調査対象年度の売上として計上しなければならないものが含まれていないか調べられます。

　期中は現金入金基準により売上を計上している場合でも，決算時には売上発生日により売上と売掛金の計上が必要です。


関連科目➡　売上高


## 帳簿書類とは

元審判官
による
コーチング

「帳簿」とは，総勘定元帳，仕訳帳，現金出納帳，売掛金元帳，買掛金元帳，固定資産台帳，売上帳，仕入帳などをいい，「書類」とは，取引等に関して作成・受領した書類のことで，棚卸表，貸借対照表，損益計算書，注文書，契約書，領収書などをいいます。法人税法上は，確定申告書の提出期限の翌日から7年間（欠損金の場合は10年間）保存しなければなりません。

# 3 貸倒引当金

> **質問4** C社に対する売掛金について貸倒引当金を設定していますね。裁判所または代理人弁護士から送付されてきた通知を見せてください。

**調査官が知りたいこと**

1. 債務者に法的整理の事実は生じているか？ 法的整理の状況に関する認識は適正か？
2. 貸倒引当金の損金算入限度額の計算は適正か？

### 対応と対策

**1. 経理部門で債務者の状況を適時に把握するための社内手順マニュアルを策定する**

　売掛先や貸付先が経営破たんして法的整理の手続きがとられることになった場合，会計上は，早い段階から債権金額の全額に対して貸倒引当金を設定することが多くあります。

　税務上は，貸倒引当金を損金算入できる法人は中小法人等一定の法人に限られ（次頁2．参照），損金算入できる法人であっても，個別評価金銭債権については，債務者の法的整理の段階に応じた貸倒引当金繰入限度額までの金額しか損金算入することができません。例えば，民事再生法による場合には，「申立て」「開始決定」「認可決定」の段階を経て最終的な債権切捨額と弁済額が決定されますが，債権者の決算日時点で債務者がどの段階にあるかにより，税務上の個別貸倒引当金繰入限度額は以下のように異なります。

[税務上の個別貸倒引当金繰入限度額]

| 法的整理の段階 | 個別貸倒引当金繰入限度額 |
|---|---|
| 申立て | 債権金額×50％ |
| 認可決定 | 弁済を猶予され，または賦払により弁済される金額のうち，認可決定日の属する事業年度終了の日の翌日から5年を経過する日までに弁済されることとなっている金額以外の金額（担保権の実行による取立見込額を除く） |

　適正な税務処理のためには，いかに債務者の状況を適時に，かつ，正確に把握するかがポイントとなります。債務者の状況は，裁判所や債務者の代理人弁護士からの通知により確認できますが，これらの通知は営業担当部門で受領することが多いために，経理部門に適時に情報伝達がなされず，税務処理を誤ってしまうことがあります。「開始決定」と「認可決定」の混同による誤りも散見されます。裁判所や弁護士からの通知は何よりの証拠資料です。税務調査では，これらの通知に記載された日付により，期末日時点における債務者の状況に応じた税務処理がなされているかどうか確認が行われます。

　税務処理を適正に行うためには，債務者に関する情報が経理部門へ適時に伝達されるような社内手順マニュアルを策定し，証拠資料の確認漏れがないようにする必要があります。特に期末日間際に通知が送達された場合は，処理に誤りが発生しやすいので注意が必要です。

## 2．自社が貸倒引当金損金算入制度の対象法人か確認する

　貸倒引当金を損金算入できる法人は以下の法人に限定されています。

①　資本金1億円以下の法人（資本金5億円以上の法人の100％子法人等を除く）

②　銀行・保険会社等

③　リース取引に係る金銭債権を有する法人等

　上記以外の法人は，税務上，貸倒引当金を損金算入できません。そのため，会計上は債務者の状況に応じて貸倒引当金の設定を経て貸倒損失処理する場合

であっても，税務上は貸倒損失処理が可能となるタイミングまで損金処理ができないことになります。

　したがって，実務上は，「法律上の貸倒れ※」ではなく，「事実上の貸倒れ※」や「形式上の貸倒れ※」に該当するか否かの検討が大きな課題になります。この検討のためには，債務者との取引状況の把握と，債務者の財産状況や弁済能力の判定が重要です。

※「法律上の貸倒れ」「事実上の貸倒れ」「形式上の貸倒れ」は199頁参照。

関連科目➡　貸倒損失

## 貸倒引当金と貸倒損失における「破産法」の取扱いの相違

**元審判官によるコーチング**

個別貸倒引当金の設定要件である「法的整理・申立て」には，破産法の規定による破産手続き開始の申立てがあります。他方，貸倒損失の損金算入要件である「法律上の貸倒れ」には，破産手続きは含まれません。これは，破産法には切捨て規定がないためであり，破産の場合に貸倒損失を認識するためには，「事実上の貸倒れ」の要件を適用することになります。

# 4　商品・製品・仕掛品

> **質問5**　実地棚卸時の原始記録を見せてください。実地棚卸の手順書はありますか？

**調査官が知りたいこと**

1. 期末棚卸資産の計上が利益調整に使われていないか？
2. 調査日時点の売上高と仕入高から推定される前期末棚卸資産残高と，決算書上の期末棚卸資産残高は，整合性がとれているか？
3. 実地棚卸の流れはどうなっているか？

**対応と対策**

## 1. 安易な利益調整はしない

　複式簿記の仕組み上，期末棚卸資産を意図的に多く計上すれば売上原価が減ることから利益は増え，逆に期末棚卸資産を少なく計上すれば利益は圧縮できます。期末棚卸資産の調整は，請求書や領収書などを改ざんする必要がなく，内部棚卸資料を操作するだけで可能なため，利益調整に使われることがあります。それゆえ，税務調査でも必ず確認されます。

　いかなる理由があろうとも，棚卸資産を利益調整の手段とすべきではありません。その"ツケ"は必ず回ってきます。

## 2. 適正な期末棚卸を徹底する仕組みづくりをする

　期末日に税務調査が行われないからといって，期末棚卸高を軽視するのは禁物です。売上と仕入，棚卸資産は相互に連動しています。調査日時点の売上高と仕入高から，前期末時点の棚卸資産の逆算が可能です。また，仕入高と棚卸

資産から売上高の推定も可能です。

　したがって，期末棚卸資産残高が正しいことは売上計上額が正しいことの証明になります。逆に，棚卸資産残高が過少であった場合は，意図的な利益調整の可能性や，除外した棚卸資産を簿外で売却したことによる簿外預金の存在の可能性，翌期に架空仕入を計上して棚卸除外分を補てんする可能性など，あらゆる疑いがかけられる発端になります。

　意図的であったかどうかにかかわらず，期末棚卸資産の誤計上は，税務調査において良い結果をもたらしません。経営者自らが期末棚卸の重要性を再認識し，適正な棚卸を徹底する仕組みづくりが重要です。


## 3．実地棚卸から棚卸資産計上までのプロセスを明確にする

　調査官は，実地棚卸から棚卸資産計上までのプロセスや，期中の棚卸資産管理方法に関し，下記のポイントに注目して調査を行います。

① 実地棚卸はどのような手順で実施しているのか

② 棚卸担当者とは別に立会人はいるか

③ 結果をどのように記録し整理・保存しているか

④ 実地棚卸時の原始記録と最終的な棚卸一覧表との数字は一致しているか，一致していない場合の理由は何か

⑤ 卸売業や小売業であれば商品仕入から出荷まで，製造業であれば部品仕入から製品製造，出荷までの物の流れは明確か，その流れに沿ってどのような帳簿書類が作成され，管理されているか

⑥ 帳簿書類相互の整合性はとれているか，金額・数量に不明点はないか

　期末棚卸高は，人間の目で数えることで決定されるため，調査官は，人為的に数値が操作されている可能性が高いと考えています。これに対抗するためには，実地棚卸手順や期中の棚卸資産管理に関する業務フローを作成すること，実際の棚卸は業務フローに沿って正しく行われ，操作可能性の介入余地がないことを示すことが重要です。

> **質問6**　最終的な期末棚卸一覧表の数量と，実地棚卸一覧表の数量に差がありますね。理由を教えてください。

**調査官が知りたいこと**

1. 実地棚卸日が期末日でない場合，その後の帳簿棚卸はどのように行っているか？
2. 配送中の商品や預け在庫の計上漏れはないか？
3. 棚卸資産の廃棄の事実はあるか？
4. 期末までに棚卸資産を引渡済のもので販売代金が確定していないものがないか？

**対応と対策**

**1．実地棚卸以降の棚卸資産の異動は漏れなく確認する**

　実地棚卸は期末日に実施できるとは限りません。3月決算法人の場合，決算スケジュールの関係で，3月25日に実地棚卸を行うこともあります。その場合は，25日時点の実地棚卸高に，26日から31日までの売上や売上返品，さらに仕入や仕入返品を帳簿上加味した金額が期末棚卸高となります。

　普段は販売管理システムにより売上・仕入・在庫管理を行い，そこから会計システムに数値を連動させている場合でも，決算時のイレギュラーな処理については，手動により，売上を計上したり取り消したりするケースがあります。この手動による処理時に諸々の計上漏れが起きやすくなります。

　期末直前に売り上げたものは請求書発行の有無にかかわらず当期の売上に計上されているか，期末直前の仕入や翌期初めの売上に対応するものが期末棚卸資産に計上されているか，過去に売り上げた商品が期末までに返品された場合に期末棚卸資産への計上が漏れていないかなど，実地棚卸後の商品の異動は漏れなく確認する必要があります。

　売上と仕入，棚卸資産残高について矛盾が生じないようにするためには，販

売担当と棚卸担当，さらに経理担当の連携が重要です。

### 2．自社の倉庫以外に存在する棚卸資産数量を適正に把握・管理する

　売上計上基準に検収基準を採用している3月決算法人が，4月1日に納品する商品を，前日の3月31日に運送会社のトラックに積み込んだ場合，期末日に実地棚卸を行うと，その商品は棚卸資産から漏れてしまうことになります。期末時点で売り上げていないので，期末棚卸資産に計上するのが正しい処理です。

　販売委託先における棚卸資産や，外注先への預け在庫も，計上漏れになりやすい棚卸資産です。仕入れた後に仕入先に預けてある商品，売り上げる前に売上先に預けた商品も，当社の期末棚卸資産です。

　棚卸資産が存在する場所の管理を徹底し，仕入や売上との対応関係から，正しい期末棚卸高を把握する必要があります。

### 3．廃棄の事実は明確に示し，実態と異なる処理は行わない

　棚卸資産を廃棄した場合は，廃棄の事実を立証する書類の整備が必要です。廃棄業者から廃棄証明の交付を受けるのが最も確実な方法ですが，それができない場合は，社内稟議に付したり廃棄時の写真を撮るなどして，廃棄の意思と廃棄の事実を明確に示す必要があります。

　帳簿上廃棄処理した商品について後日販売された事実がある場合や，合理的な理由がないのに倉庫に保管されたままになっているものは，意図的に棚卸資産の計上を除外したと捉えられる可能性が高く，他にも簿外資産があるのではないかと勘ぐられることになります。

### 4．販売代金が確定していないものは適正に見積計上する

　棚卸資産を期末までに引渡済のもので販売代金が確定していないものがある場合には，期末日に販売代金を適正に見積計上することとされています。見積金額と後日確定した販売代金との差額は，確定した日において損益計上します。

　倉庫から出荷したという事実は同じでも，翌期の売上に計上されるべきもの

は期末棚卸資産としてカウントし，当期の売上に計上されるべきものは適正な販売代金を売上計上する必要があるということです。

関連科目➡　売上高　売上原価

## 棚卸資産の計上除外と重加算税

重加算税とは，課税標準等の計算において仮装隠ぺい行為がある場合に，例えば，原則10%の過少申告加算税に代えて35%の加算税を課すものです。意図的な棚卸資産の計上除外はこれに該当しますが，この場合の意図的かどうかは非常に難しい判断となります。計上除外は事実でも，"わざとそうした"（意図的）というのは評価であり，それを様々な証拠から認定する必要があるからです。

元審判官によるコーチング

質問7　会計上と税務上とで，棚卸資産の評価額は一致していますか？

### 調査官が知りたいこと

1．取得価額に付随費用は含まれているか？
2．税務上の評価方法について届出がなされているか？
3．評価損の計上要因について分析がなされているか？
4．期末間際の仕入価格を意図的に操作していないか？
5．消費税の免税事業者は棚卸資産を税込で計上しているか？

## 対応と対策

### 1．付随費用の計上漏れに注意する

棚卸資産の取得価額には，購入代価だけでなく，引取運賃や荷役費，運送保険料，購入手数料，関税等の付随費用も含まれます。税務調査において，購入代価について争いが生じることはほとんどありませんが，付随費用を含めずに

棚卸資産の単価計算がなされていたり，付随費用が販管費に計上されていたりすると，指摘の対象になります。

## 2．税務上の届出に沿った評価を行い，会計上の評価額との差額は必ず別表調整を行う

　法人税法上の棚卸資産の評価方法は，最終仕入原価法による原価法が原則です。一方，現行の会計基準では，最終仕入原価法は採用し得る評価方法として認められていません。また，会計上は低価法が原則とされています。

　中小企業では税法基準で棚卸資産の貸借対照表価額を決定している場合も多く見られますが，上場会社やその子会社，上場を予定している会社などは，会計基準に則って棚卸資産評価額を決定します。その場合は，税務上の届出を行わない限り，会計上の評価額と税務上の評価額との差額について別表調整を行う必要が生じることになります。

　実務上は，期日までの届出提出を失念していたり，過去に提出した届出内容を忘失していたりすることが原因で，税務調査において別表調整漏れを指摘されるケースが多くあります。

## 3．評価損計上要因と評価額の妥当性の根拠を明確に説明できるようにする

　会計上は，棚卸資産の収益性の低下をすべて評価額に反映することが要請されているため，評価損の計上を積極的に行う傾向にあります。一方，税務上の評価損は，計上できる範囲が企業会計よりも狭く限定されています。

　会計上の評価損は独立した勘定科目に計上されるとは限りません。期末棚卸資産を洗い替える際の処理に紛れ込み，結果として売上原価に計上されるケースもあります。調査官は，期末棚卸表の単価算出方法を前期分と比較して，会計上の評価損計上の有無を確認します。評価損が計上されている場合は，その要因の確認が必ずなされます。会社側で要因分析が行われていなかったり，税務上の損金算入可否の検討が行われていなかったりすると，調査官に良い印象は与えないでしょう。

また，評価損を計上している場合には，直前の販売実績や翌期以降の販売実績から，期末棚卸資産の時価の妥当性についても検証が行われます。

評価損を損金算入した場合には，評価損計上要因と評価額の妥当性を示し，会社側が損金算入可能と判断した根拠を明確に説明することが重要です。

## 4．期末間際の仕入価格改定には注意する

税務上の原則的な評価方法は最終仕入原価法です。この方法は，直近に仕入れた単価に基づいて期末棚卸資産の評価額を算出する方法です。たまたま期末間際に価格の改定が行われて仕入単価が安くなった場合には，期末棚卸資産全体の評価額が小さくなり，売上原価が大きくなる結果となります。

調査官は，このような価格改定に意図的な操作が介入していないかについて調査します。意図的であった場合には，翌期になって再度価格改定が行われて高い単価に変更されていたり，仕入先に他の名目で何らかの支払いがなされていたりするものです。

期末間際に仕入価格の改定があった場合は，何ら身に覚えがなかったとしても，税務調査であれこれ追及されることを覚悟しなければなりません。

## 5．免税事業者が税抜経理を採用している場合は，期末棚卸資産評価額を別表調整する

消費税の免税事業者が税抜経理を採用している場合，会計上の期末棚卸資産評価額と税務上の評価額とが乖離します。会計上は税抜金額であるのに対し，税務上は税込金額で計上する必要があるため，必ず別表調整が生じます。

税抜経理と税込経理のいずれを採用するかは，その会社の会計方針によることとなり，消費税の課税事業者であるか免税事業者であるかにより会計方針が拘束されることはありません。ただ，税務上の課税所得を計算する上では，棚卸資産を税込で計算しなければなりません。

# |5 貯蔵品

**質問8** 期末に大量の印紙を購入していますが，期末で未使用のものはありませんか？

**調査官が知りたいこと**

1．物品切手等の管理に問題はないか？
2．未使用分を貯蔵品に計上しているか？

**対応と対策**

## 1．印紙，切手，商品券等の物品切手は，複数人で管理するなど，不正の起こらない管理体制を構築する

現金や預貯金と同様，印紙，切手，商品券等の物品切手についても，換金性が高いことから，横領などの不正行為が起きてしまうことがあります。物品切手については，在庫が少なくなるごとに補充するのが通常ですが，購入時だけでなく，その後の使用状況も管理しておくことが必要です。

以前と比較して，明らかに印紙や切手の購入頻度が増えた場合には，使用量が増加したことになりますが，増加理由が不明の場合には，横領などの不正行為を疑わなければならない状況も考えられます。

会社としては，複数人による管理を徹底するなど，不正が起こらないような管理体制を構築する必要があります。

## 2．期末に未使用のものについては，忘れずに貯蔵品として計上する

印紙や切手，商品券などの物品切手は，期末に未使用のものについては，貯蔵品として計上する必要があります。期末間際に多額の印紙を購入したとして

も，実際にそれが使用されるまでは損金算入できません。未使用であってもその購入時に損金算入が認められる事務用消耗品・梱包材料等（毎期一定の量を継続して消費するもの）と，取扱いを混同しているケースも見受けられますので，注意が必要です。

　また，会社紹介のパンフレットや個別の商製品に係る広告宣伝用物品も使用（配布）されていない限り貯蔵品として計上する必要があります。これも購入時に損金算入が認められる事務用消耗品等と混同される傾向にあります。

　特に個別の商製品に係る広告宣伝用物品は，会社の予算の関係上期末間際に発注し納品されることがあったり（納品されていれば損金算入できるとの誤解），その金額も多額になることがあるので注意が必要です。営業等の現場との意思疎通と丁寧な説明（注意喚起）が計上漏れの防止策となりますが，経理における伝票処理時に目を光らせるのが一番の対策かもしれません。

**関連科目➡**　　通信費　消耗品費　租税公課

## 社内不正と税務調査

**元審判官による
コーチング**

残念なことですが，税務調査で社内不正（横領等）が発覚することがあります。会社にとっては横領という損失が発生しているにもかかわらず，その損失が損金にならないばかりか（いったん，求償権という資産が計上される），その不正の内容や不正を行った者が誰であるかによって，重加算税が課されてしまうことも多々あります。不正防止は税務的にも非常に重要な視点といえます。

# ⏗6　有価証券・関係会社株式・子会社株式

> **質問9**　D社株式を新規に取得されていますね。取得日と取得した理由を教えてください。

**調査官が知りたいこと**

1. 取得の理由は？　持分割合は？　上場株式か非上場株式か？
2. 海外子会社の設立か？
3. 他の制度との関連は？

### 対応と対策

#### 1．有価証券台帳上の情報は，くまなく整理する

　有価証券台帳には調査官の目のつけどころが満載です。有価証券の増減や属性に関する情報には，税務上の重要な論点が隠れていることが多いため，調査官は以下の点に着目して有価証券台帳を確認します。調査を受ける側としては，調査官に先回りして情報を充分に把握しておく必要があります。

① 取得理由は？

　増加した有価証券が非上場株式の場合，調査官は，取得した目的や今後の事業展開をヒアリングして，税務上の論点を探ります。特に関係会社からの取得の場合は，取得理由や価格の妥当性について検証がなされます。取得側の処理に問題がなくても，譲渡側で単に損失計上目的であった場合には，譲渡側の会社の税務調査に発展することもあります。

② 持分割合は？

　取得したD社が関係会社に該当するとなると，D社の100％子会社も関係会社になります。関係会社との取引は，第三者との取引と比較して恣意的な

取扱いが介入する余地が大きいため，その後の取引は，取引自体の合理性と価格の妥当性が必ず税務上の論点になります。

　D社株式を100％取得したのであれば，取得後はグループ法人税制が適用されます。株式取得後のD社との取引のうち，一定の資産の譲渡取引について課税の繰延べがなされているか，寄附や受贈益の処理は適正かなど，グループ法人税制の観点からも調査が行われることになります。

③　上場株式か非上場株式か？

　有価証券について評価損の損金算入可否を検討する場合，その有価証券が上場株式か非上場株式か，関係会社株式に該当するか否かで，評価損の損金算入基準が異なります。関係会社株式に該当しない上場株式は，時価の著しい下落と回復見込に着目して評価損の損金算入可否を判定します。それ以外の株式は，資産状態が著しく悪化しているかどうかも判定要素に加わります。


## ２．外国法人の場合は移転価格税制やタックスヘイブン対策税制を常に意識する

　D社が外国法人の場合は，移転価格税制上の国外関連者に該当しないか，タックスヘイブン対策税制上の外国関係会社に該当しないかについて，確認しておく必要があります。

　国外関連者との取引は，移転価格税制により独立企業間価格に基づくことが要請されています。実際の取引価格が独立企業間価格と乖離していて，日本の所得が過少であると認定された場合には，独立企業間価格で取引したものとして課税がなされます。また，国外関連者に対し，業務委託契約にない役務提供を行っている場合には，無償による利益供与があったものと認定され，国外関連者に対する寄附として課税される可能性もあります。

　D社の所在地国が軽課税国であったり，D社がペーパーカンパニーである場合には，タックスヘイブン対策税制の対象となり得ます。その場合，タックスヘイブン対策税制上の各種要件を満たさなければ，D社が現地で獲得した所得の全部又は一部が日本親会社の所得に合算されます。税務調査では，これらの視点からD社との取引やD社の現況が調査されることになるでしょう。

### 3. 受取配当や源泉所得税等の処理を確認する

　有価証券の増減は，他の諸制度とも密接に関連しています。株式を取得して配当を受領した場合，その所有期間が受取配当益金不算入額や所得税額控除の金額に影響することがあります。また，所有株式数の増減は受取配当益金不算入制度の配当等の区分の判定に影響を及ぼす結果，益金不算入額にも影響を及ぼします。これらの処理の適否を判断するため，調査官は，売買契約書等で取得日や譲渡日の確認を行います。

　配当を受領しているのにもかかわらず，有価証券台帳に記載されていないものがある場合には，税務調査でその理由について追及がなされるでしょう。名義人と実質所有者は誰か，これらが異なる場合はその理由は何か，取得時の処理は適正だったか，他制度への影響はないか等，税務上の論点はつきません。

　あらぬ疑念を抱かれないようにするためにも，有価証券台帳の異動状況と他制度との整合性は，日頃から確認しておきましょう。

関連科目➡　有価証券評価損　有価証券売却損益　子会社株式清算損
　　　　　　支払手数料・支払報酬　受取配当金

質問10　Ｅ社株式を取得する際に発生した弁護士費用は，どの科目で処理していますか？　また，Ｆ社株式は関係会社から取得したようですが，取得対価はどのように決められたのですか？

**調査官が知りたいこと**
1. 付随費用の処理は適正か？
2. 関係会社から取得した場合に，時価算定は行っているか？

対応と対策

## 1. 付随費用は漏れなくピックアップして処理の根拠を明確にする

　購入した有価証券の取得価額には，購入代価だけでなく，購入手数料等の取得に係る付随費用も含まれます。付随費用は取得時の損金にはなりません。

　付随費用でよく論点になるものとして，購入のための弁護士費用，デューデリジェンス費用，投資相談料，契約費用等があります。企業買収の場面では，これらの費用が高額になるケースが多いことや，「取得に係る付随費用」であるかどうかの解釈に幅があるため，税務調査で特に論点になりやすいのです。

　一般には，取得の意思決定後に発生したものは付随費用に該当するといわれていますが，何をもって意思決定したのかという認定も含め，実務上は個々の費用の支出目的や性質により判断する必要があります。

　取得の意思決定前に発生する費用としては，買収対象企業のリストアップや選別を行うための費用，買収対象企業へのアプローチや意向打診に係る費用，買収手法選定費用，買収によるシナジー効果測定のための費用などがあります。これらの費用は，「取得するための費用」ではなく，「取得に値するかどうか判断するための費用」であるため，一般的には発生時の損金となるでしょう。

　一方で，これらの調査の結果「取得に値する」という判断が下された後に発生する費用としては，取引諸条件の協議や基本合意書締結のための費用などがあります。これらの費用は，諸条件の協議が整った暁には買収を実行するという意思決定が既になされていますので，株式の取得のための付随費用に該当すると考えます。買収対象企業に対するデューデリジェンス費用，企業価値算定費用も，買収の意思決定がなされた後に発生したものであれば，付随費用として処理されるべきでしょう。

　まずは，株式取得の検討段階から取得実行までに発生する関連費用を漏れなくピックアップして，時系列で整理することが重要です。その上で，支出の内容や目的と取得の意思決定を行った取締役会決議日などにより，取得に係る付随費用となるかどうかの判定を行い，その検討結果の内容および結論を書面に残しておく必要があります。

## 2．非上場株式の価格合理性の論拠を整える

　関係会社間で株式の売買を行った場合は，価格の合理性について必ず検証がなされます。特に非上場株式の場合は時価算定の方法に画一的な基準が存在しないため，株価算定資料を準備して時価算定の根拠を明確にしておくことが必要です。算定結果の価格は，算定に用いた評価方法およびその算定における前提条件に左右されます。したがって，「株価算定資料があればよい」ということではなく，当然，その評価方法を用いた合理的理由および前提条件の合理性が担保されている必要があります。

　価格に合理性がないと判断されると，寄附金や受贈益の認定課税に発展することになります。

**関連科目➡**　支払手数料　寄附金　有価証券売却損益

---

### 「意思決定日はいつか」を認定する

**元審判官によるコーチング**

買収関連費用が有価証券取得の付随費用に該当するかどうかの判断は，取得の意思決定がいつ行われたかにかかっています。手数料はA社の株式を取得するという意思決定前に支払ったとする納税者の主張に対して，「本件経営統合の検討に着手した時点から，経営統合の相手方をA社に限定していたものと認められる」と認定した事例（平成26年4月4日非公表裁決）などもあります。

---

**質問11**　有価証券台帳では，F社株式の帳簿価額が減少していますね。理由を教えてください。

**調査官が知りたいこと**

1．減少時の法人税・消費税の処理は適正か？

**対応と対策**

## 1．減少要因を把握して税務処理が適正か確認する

　有価証券が減少した場合，減少要因により税務上の処理が全く異なります。減少要因による調査官の着眼点は以下のとおりです。

① 売却

　　売却先は関連会社か，価格は妥当か，譲渡原価の計算は適正か，消費税の計算上において非課税売上を計上しているか。

② 評価損の計上

　　評価損は税務上の要件を満たしているか，外貨建の場合は外貨ベースで純資産価値の著しい毀損を判定しているか。

③ 組織再編

　　譲渡益課税または簿価引継ぎの処理は適正か。

④ 清算

　　みなし配当の処理や清算損益計上額は適正か，完全支配関係がある場合に清算損益を計上していないか。

⑤ 自己株買取り・その他資本剰余金からの配当

　　みなし配当の処理や譲渡損益計上額は適正か，完全支配関係がある場合に譲渡損益を計上していないか。

　有価証券は取得時・保有時・減少時に，法人税と消費税に関する税務上の論点が目白押しです。有価証券の台帳管理と事実関係の把握・整理は必須といえます。また，組織再編などでは，会計と税務の処理が異なるケースも多くあり，その処理自体が複雑になります。会計と税務の差異は「法人税別表5⑴」で調整されることになりますが，会計・税務に係る処理について，「適格・非適格」の判定のほか，「時価」に関する要素などに関してどのような検討がされたのかを記録として残しておくことは必須となります。判定の経緯や算定の根拠資料もあわせて整理しておくようにしましょう。

**関連科目➡**　　有価証券評価損　有価証券売却損益　子会社株式清算損

# 7 貸付金

**調査官が知りたいこと**

1. 社内融資制度に関する規程はあるか？
2. 利率の設定は適正か？
3. 貸付金としての実態はあるか？

## 対応と対策

### 1. 社内融資規程を策定して貸付対象者と貸付条件に恣意性がないことを証明する

調査官は，恣意的な操作が可能である取引に目を光らせます。同族会社の場合は，代表者や同族関係者に対して任意に資金貸付が行われることが多いことから，社内融資規程の策定は，貸付対象者と貸付条件に恣意性がないことの証明になります。

税務調査では，社内融資制度はあるか，特定の者のみを貸付けの対象としていないか，貸付条件を変えることにより特定の者を優遇していないか等の確認がなされます。

### 2. 貸付利率の設定には経済的利益の認定に注意する

無利息や低い利率で社内融資を実行している場合には，それによる経済的利益の額が給与として認定される可能性があります。実務上は，社内融資の原資が特定の借入金に紐付いている場合にはその借入金の利率を適用し，それ以外の場合には法人の平均調達金利を適用して貸付けを実行すれば，税務調査で特

に指摘されることはないでしょう。金利設定の根拠資料を作成し，税務調査で求められた場合にはその根拠を明確に説明できるように準備することが重要です。社内融資規程にも，貸付時に適用する利率の算定基準について明記する必要があります。

### 3．資金の拠出が貸付金であることを客観的に説明できるようにする

　役員や同族関係者に対する貸付金について，通常作成される金銭消費貸借契約書や取締役会議事録がなく，返済条件に関する約定もなく，物的人的担保の設定もなく，返済の事実や回収努力の形跡が全くないなどの場合は，当初から貸付けではなく給与の支払いであったものとして認定される可能性もあります。

　社内融資規程に基づいて貸付けを実行すること，金銭消費貸借契約書を締結すること，契約書に基づいて返済を行うことにより，資金の拠出が貸付金であることを客観的に示す必要があります。

**関連科目➡** 　役員給与　従業員給与・賞与　貸倒損失　受取利息

## 「客観的に説明できる」と事実認定

**元審判官によるコーチング**

争訟の場では，事実認定が非常に重要となります。事実認定とは，「ある事実の存否が問題になるとき，証拠により事実の存否を決すること」などと説明されます。ある事柄を判断する場合，その前提となる事実関係が明らかにならなければ判断できないわけですが，その"事実"は"証拠"によってのみ明らかにされるわけです。もっとも，これは日常の業務における判断でも同じことです。

**質問13** グループ子会社Ａ社からの利息は受取利息に計上されていますが，Ｂ社からの利息は計上されていないようです。各子会社に対する貸付条件は決まっていますか？

**調査官が知りたいこと**

1．各子会社に対する貸付条件は適正か？
2．利息を収受していないものはないか？　収受していない理由は？

**対応と対策**

**1．子会社ごとの貸付条件に恣意性がないことを証明する**

　グループ子会社に対する貸付金も，同族関係者に対する貸付金同様に，恣意的な意図が介入していないことの説明が税務調査では重要です。特段の事情がない限りは子会社ごとの貸付条件は統一されていることが通常でしょう。適正な貸付条件に基づき金銭消費貸借契約書を締結し，その契約書に基づいて返済を実行している事実を示すことが必要です。

**2．業績不振子会社に対する支援は，合理的な再建計画に基づくものであることを，外部利害関係者の関与状況や数値により明確に説明できるようにする**

　業績不振子会社の再建のため，親会社が無利息貸付や債権放棄などを行う場合があります。これらの支援により親会社が負担した損失は，税務上は一義的には子会社に対する寄附として取り扱われます。

　しかし，金融機関に対して債務免除または金利減免交渉を行う過程で，親会社に対しても一定の損失負担が求められるケースもあります。このような実態に鑑み，親会社が損失負担することの経済合理性が認められる場合に限り，税務上はその損失を寄附金としては取り扱わないこととしています。経済合理性があるかどうかは，以下の点を総合的に勘案して判断されます。

---

- 損失負担等を受ける者は、「子会社等」に該当するか
- 子会社等は経営危機に陥っているか（倒産の危機にあるか）
- 損失負担等を行うことは相当か（支援者にとって相当な理由はあるか）
- 損失負担等の額（支援額）は合理的であるか（過剰支援になっていないか）
- 整理・再建管理はなされているか（その後の子会社等の立ち直り状況に応じて支援額を見直すこととされているか）
- 損失負担等をする支援者の範囲は相当であるか（特定の債権者等が意図的に加わっていないなど恣意性がないか）
- 損失負担等の額の割合は合理的であるか（特定の債権者だけが不当に負担を重くしまたは免れていないか）

---

　支援の経済合理性に関する、調査官への説明ポイントは以下のとおりです。

① 　外部利害関係者の関与を説明する

　　金融機関や取引先などの外部利害関係者からの要請、折衝の内容、最終合意までの経緯などを、具体的に説明できるようにしておく必要があります。

　　特に、最終的に親会社単独での支援になった場合には、支援に至る過程で外部関係者から受けた要請や折衝の内容は、単独支援に関する合理性の重要な判断材料になります。

② 　支援をしない場合に、より大きな損失を蒙る可能性を説明する

　　支援をしなかった場合に、今後親会社側に発生する可能性のある追加負担額と、支援を行うことで軽減される金額とが、明確な数値として表されている必要があります。

③ 　過剰支援でないことを説明する

　　当初の支援計画が妥当なものであっても、その後の状況変化によっては過剰支援として寄附金認定がなされる可能性があります。親会社において再建計画の進捗管理を徹底し、状況の変化に応じて計画を見直すことで、過剰支援でないことを数値として明確に示す必要があります。

---

**関連科目➡**　寄附金　受取利息

---

# 8 前払費用・長期前払費用

> **質問14** フランチャイズチェーンの加盟金を支払っていますね。分割払いですか？　分割期間は何年ですか？

**調査官が知りたいこと**

1. 税務上の繰延資産を一括費用計上していないか？
2. 未払いの繰延資産を償却していないか？

---

**対応と対策**

## 1. 税務上の繰延資産の範囲はかなり広いため，支出の効果が及ぶ期間の検討を習慣づける

　税務上の繰延資産は，会社法や会計よりも範囲が広く定義されています。税務上は「法人が支出する費用のうち，自己が便益を受けるための費用で，支出の効果が1年以上に及ぶもの」がすべて繰延資産として取り扱われます。実務上よく論点になるのは以下の項目です。

① 資産を賃借するために支出する保証金等のうち返還されない部分

② ロイヤリティ

③ フランチャイズチェーンの加盟金

④ 会館負担金

⑤ 広告宣伝用資産

　これらが支出時に一括費用計上されている場合は，法人税申告書上の調整が必要になります。日々の経理処理を行う際に，個々の支出につき，支出の効果が及ぶ期間の検討を習慣づける心がけが重要です。

## ２．３年超の分割払いの繰延資産は，支出の都度繰延資産として計上する

　フランチャイズに加盟する際に，ノウハウ提供料・経営指導料などの名目で一時金を支払うことがあります。これらの一時金のうち将来返還されないことが確定しているものは，「自己が便益を受けるための費用」として税務上の繰延資産に該当します。償却期間は５年（契約期間が５年未満で契約更新の際に再び一時金の支払いを要する場合は契約期間）とされています。

　この一時金は一般に高額になることが多いので，数年にわたる分割払いとされることもあるようです。３年を超える分割払いの場合には，金額が確定している場合でも，未払いの金額を繰延資産として計上して償却を行うことはできません。支出の都度繰延資産に計上し，支出のタイミングが異なるものごとに償却を行います。

　金額が確定していることをもって全額を債務として計上すると，償却計算を誤る可能性がありますので，注意が必要です。

---

　**質問15**　ロイヤリティ契約においてミニマムギャランティの支払いがあるようですね。ライセンス契約書を見せてください。会計処理はどのようにしていますか？

**調査官が知りたいこと**

１．役務提供を受けたものについてのみ，消費税を控除しているか？

２．会計の処理方針はどのようにしているか？　税務上は調整を行っているか？

**対応と対策**

### １．前払費用か繰延資産か，見解を明確に持つ

　税務独自の繰延資産は，会計上，前払費用や長期前払費用として計上される

ことがほとんどです。前払費用と繰延資産は，そもそも性質が全く異なるものであるにもかかわらず同一科目で処理されるため，消費税の処理においてしばしば混同されます。

企業会計上は，前払費用と繰延資産について以下のように定義しています。

| 前払費用 | 一定の契約に従い，継続して役務の提供を受ける場合，未だ提供されていない役務に対し支払われた対価 |
|---|---|
| 繰延資産 | 既に代価の支払いが完了しまたは支払義務が確定し，これに対応する役務の提供を受けたにもかかわらず，その効果が将来にわたって発現するものと期待される費用 |

前払費用も繰延資産も，支払済のものを将来の一定期間にわたって費用化していく点では共通していますが，前払費用は未だ提供されていない役務に対して支払われたものであるのに対し，繰延資産は役務の提供が完了している点で異なります。

仮払消費税は，役務の提供を受けたときに計上しますから，前払費用と繰延資産とでは，仮払消費税の計上時点が異なります。役務提供の内容によっては，どちらに該当するのか判断に迷うケースも多々あります。その場合は，会社としての見解を明確に持ち，契約書や役務提供の実態に基づいて調査官へ明確に説明できるようにしておくことが必要です。

## ２．ロイヤリティは償却方法と消費税の処理方法について整合性をとり，会計処理方針と税務調整方針を明確にする

キャラクターコンテンツや楽曲等のライセンス契約では，一般にライセンス使用料（ロイヤリティ）は，ライセンス先における売上高や製造量に一定率を乗じて決定されます。ライセンス期間の開始時に，ライセンス先がライセンス元へミニマムギャランティ（最低保証金）なる一時金を支払い，その後のロイヤリティ発生額をミニマムギャランティに充当していくケースもあります。ミニマムギャランティは，ライセンス契約終了時に未充当額があっても，ライセ

ンス元からライセンス先へ返還されないのが通常です。

　このような一時金は，税務上，自己が便益を受けるための費用として繰延資産になります。この一時金について税務調査で議論になるのは，次の3点です。

① 償却方法

　税務上，償却期間はライセンス期間（契約上で期間の定めがない場合には3年）とされ，償却期間にわたって均等に償却を行うこととされています。一方会計上は，製造原価や売上原価として，製造数量や販売数量に単価を乗じた金額を費用化する処理方法が選択される場合があります。原価の計上方法としては，数量に応じた処理にも合理性がありますが，税務上は期間均等償却と定めているため，税務調査において償却費の別表調整漏れが指摘されることがあります。

② 未償却残高の取扱い

　ライセンス契約を解除した場合に未償却残高を一括償却するのは妥当な処理ですが，製造や販売中止の意思決定を行った場合であっても，ライセンス契約の解除を行わない場合があります。契約解除を行わない限り契約は存続していますから，社内での意思決定のみをもって未償却残高を一括償却することの可否については，議論の余地があります。

③ 消費税の処理方法

　通常は，使用許諾という役務提供が完了しているため消費税は支出時に一括控除します。ただし，使用許諾後もライセンス元に何らかの継続的な役務提供が求められているような契約形態であるケースでは，当初の一時金も前払費用として取り扱うほうが合理的である場合もあるでしょう。前払費用とした場合，消費税は費用化に合わせて控除することになりますし，そもそも前払費用を費用化する基準について，繰延資産としての償却とは別の視点で検討し直す必要があります。

　これらが議論になるのは，ライセンス契約にはさまざまな契約形態が存在すること，契約形態により採用され得る会計処理も異なること，一定の検討を経

て採用された会計処理は合理性の裏付けがなされていると考えられること，税務上想定している処理方法が必ずしも会計処理と一致しないこと等が要因にあると考えます。

　税務調査対策としては，上記の論点についてそれぞれの整合性を考慮した上で採用する処理方法を検討すること，税務上の調整の要否について整理すること，同様の契約形態の取引については統一した処理方法を継続的に適用すること，処理方法を変更する場合にはその合理性を説明できるようにしておくことが重要です。

　このように税務処理が明記・確立されていないものや，解釈に幅がある項目については，会社としての処理方針を明確に打ち出し，調査官に対して主張するに足る疎明資料を整えることが最大の税務調査対策です。合理的と考えられる方法が複数ある場合，会社の処理方針が明確で，合理的であると考えられる方法を会社が採用している限り，「それよりも合理的な方法がある」という理由で，調査官がそれを否認することは難しいはずです。

**関連科目➡**　支払手数料・支払報酬

### 税務調査を行う権限

元審判官によるコーチング

強制調査である査察調査は，国税通則法第132条により裁判所の許可状に基づき行われます。任意調査である一般の税務調査は，国税通則法第74条の2に基づき行われ，ここでは，調査について必要があるときは，一定の者に質問し，その者の事業に関する帳簿書類その他の物件を検査し，または当該物件の提示もしくは提出を求めることができると規定されています。

# |9　立替金・仮払金

**質問16**　専務に対する仮払金が前期からあり，金額も変動していないようですが，内容は何でしょうか？

**調査官が知りたいこと**

1．支払いの目的は何か？　内容の把握はできているか？

2．精算の予定はあるか？　役員に対する給与や役員貸付金に該当するものはないか？

3．費用の損金算入時期を逸していないか？

4．使途秘匿金に該当しないか？

**対応と対策**

## 1．「とりあえず」計上は厳禁

　立替金や仮払金などの仮勘定こそ操作可能性のかたまりです。これらの勘定科目は，本来の科目に振り替えられるまでの一時的な通過勘定です。決算までに極力精算すべきですが，全額精算できなかったとしても，決算時の残高は通常は僅少であるはずです。

　長期にわたって精算されていない多額の仮払金や立替金がある場合，調査官は会社の経理処理全般がずさんである印象を持ち，経営者が会社の資金を私的に流用している可能性などを探ります。当然に，調査官の質問も厳しくなるでしょう。銀行の融資担当者も，これらの勘定科目の残高が多額にのぼる決算書を嫌うはずです。過去の使途不明金がその行き場を失い，結果として資産計上されている可能性が払拭できないからです。

　内容が明確でないものをとりあえずこれらの仮勘定に計上するのは禁物です。その裏に租税回避行為が隠されているのではないかと疑念を抱かれるきっかけ

になります。支出の目的や内容は常に把握し，決算時には適正な勘定科目に振り替えましょう。

### 2．期末残高は早期に精算する

役員に対する仮払金や立替金が長期滞留している場合，支出の経緯により，その役員に対する給与や貸付金と認定される可能性があります。給与であれば法人の損金には算入されず，さらに源泉徴収漏れとして課税がなされます。貸付金であれば未収利息の認定課税がなされます。

税務調査では，役員に対する立替金や仮払金は必ずチェックされます。決算時には，適正な勘定科目に振り替えることを徹底し，万一残高が残ってしまった場合には，支出の理由と精算ができなかった理由を明確にして，極力早期に精算を行うことが重要です。

### 3．損金算入すべき時期に損金算入する

仮払金や立替金を費用に振り替える処理を行わなかったとしても，費用の発生事実があるならば，申告書上減算処理を行う必要があります。本来，発生した費用の損金算入時期を任意に選択することはできないからです。

会計上は資産計上しておいて，将来の課税所得が発生しそうな時期に費用に振り替え，所得金額を調整することは認められません。適正な時期に精算しないと，損金算入時期を逸することもあります。

### 4．使途秘匿金と認定されるような処理は避ける

使途秘匿金とは，法人がした金銭の支出のうち，相当の理由がなく，その相手方の名称や所在地，および支出事由をその法人の帳簿書類に記載していないものをいいます。

支出先も支出目的も意図的に明らかにしないわけですから，法人の損金として認められないだけでなく，法人税等と地方税合計で支出額とほぼ同額の追徴課税がなされるという一種の制裁的な課税がなされます。仮払金や立替金処理

して費用計上していなくても同様ですし，欠損金があっても課税されます。

　使途秘匿金の支出に関連して，帳簿書類の破棄・隠匿・改ざん等があった場合は，重加算税の対象にもなります。過去に使途秘匿金の支出があった事実や重加算税の対象となった事実は，国税当局側で管理する法人情報の一つとして引き継がれ，将来の税務調査がさらに厳しく行われることも予想されます。使途秘匿金と認定されるような処理は避けるべきです。

関連科目➡　　貸付金　役員給与

## 経験則という判断基準

元審判官によるコーチング

事実認定においては，経験則が重要な役割を果たします。経験則とは，「経験から帰納された事物に関する知識や法則」と説明され，「一般的に〇〇である」とか「通常，□□である」という場合がそれに当たります。これを踏まえると，"多額の仮払金残高がある""元帳の摘要欄に全く記載がない"という状態が，調査官の視点からは，いかに怪しい状態に見えるかが分かると思います。

# ⑩ 有形固定資産 ［建物・建物附属設備・構築物・機械装置・車両・工具器具備品］

> **質問17** 固定資産台帳と工場の配置図・リース契約書を見せてください。

**調査官が知りたいこと**

1. 固定資産台帳になく，リース契約もない資産はないか？
2. 購入資金が不明なものはないか？
3. 社有車の使途は？

### 対応と対策

#### 1. 減価償却資産の実査は必ず行う

　まず調査官は，固定資産の実在性の確認や簿外資産がないかどうかの確認を行います。固定資産台帳や工場・店舗の配置図，リース契約書など書面上の確認だけでなく，工場・店舗へ臨場して固定資産の実査や使用状況の確認が行われる場合もあります。

　固定資産台帳や貸借対照表に計上されている資産が実際には存在しない場合は，計上までの金銭の流れが徹底的に調査されることになるでしょう。架空経費の支出が帳簿上は固定資産として計上され，長期間にわたり減価償却を通じて費用化されている可能性もあるからです。

　逆に，現場に存在する固定資産が，台帳になくリース資産でもない場合には，過去に以下のような事実があった可能性を指摘されます。

① 取得時に消耗品費処理していないか

　金額によっては消耗品として一括費用処理はできません。過年度の費用が過大であった可能性があります。

② 受贈資産ではなかったか

　過年度の受贈益計上が漏れていた可能性があります。

　例えば，店舗の賃貸借契約を締結する際に，賃貸人と前賃借人との三者合意により，前賃借人が施した内装設備を現況有姿のまま無償で引き継ぐことがあります。前賃借人にとっては，原状回復に莫大な費用がかかる場合には，無償であってもその内装を次の賃借人に引き取ってもらったほうがメリットがあります。新賃借人にとっても，その内装が自らの事業に適合しているのであれば，新たに工事する手間と費用を省くことができます。このようにして法人が無償で資産を取得した場合には，その資産の価額を受贈益として計上することが求められます。

③　過去に有姿除却した資産を引き続き使用していないか

　有姿除却は，今後一切の使用可能性がない場合に限って認められます。有姿除却した資産を引き続き使用していたことが後日発覚した場合には，過年度の除却損が否認されるのはもちろんのこと，再び事業の用に供するに至った経緯によっては，仮装隠ぺいの疑念を抱かれることになるでしょう。

　固定資産台帳管理が適正であることは，会社経理や税務処理全般が適正であることを印象づけます。減価償却資産の期末実査は必ず行うことと，台帳および帳簿上の金額との整合性は必ず確認することが重要です。

## ２．設備投資の資金源泉は明確にする

　多額の設備投資があった場合は，その目的と購入資金の源泉が調査されると考えていたほうがよいでしょう。購入資金が不明なものは，過去の架空経費や売上除外により資金捻出した可能性が疑われます。

## ３．会社の事業上の必要に基づく利用であることを説明できるようにする

　会社が所有している資産は，当然のことながら，会社の事業の用に供する必要があります。会社の資産のうち特に社有車は，代表者個人の用途のためのみに使用されていないかどうかを調査されます。

　最近ではETCが普及していますので，その利用明細によって使用日時や行

先が明らかになります。週末に社有車の利用が集中しているケースでは，高速料金やガソリン代はもちろんのこと，車両の減価償却費や駐車場料金なども否認される可能性があります。

　社有車は会社の事業上の必要に基づいて所有していることを，何よりの証拠である利用実績で示すことが肝要です。

**関連科目➡** 消耗品費　固定資産譲渡損益　固定資産除却損

**質問18** 建物の取得価額の根拠資料を見せてください。減価償却資産について同族関係者から購入したものはありますか？

**調査官が知りたいこと**
1．取得に係る付随費用は取得価額に算入されているか？
2．取得時の時価と売買価格に乖離はないか？
3．資産除去債務の計上はないか？
4．消費税の免税事業者は取得価額を税込で計上しているか？

**対応と対策**

**1．付随費用が費用計上されていないか確認する**

　減価償却資産を購入した際の引取運賃・荷役費・運送保険料・購入手数料・関税・設計料・不動産鑑定料などの費用は，取得に係る付随費用として資産の取得価額に算入しなければなりません。誤りやすいのは，売主と買主との間で未経過固定資産税の精算をした場合です。未経過固定資産税は，税金そのものではなく，資産の売買代金に上乗せされたものと考え取得価額に算入します。

**2．同族関係者との取引価格は，金額の根拠を明確にする**

　会社が同族関係者間で取引を行う際は，取引価格は時価でなければなりませ

ん。時価と異なる金額で売買を行うと，寄附金や受贈益として認定される可能性があります。

　減価償却資産を売買する場合，実務上は売却側における適正な減価償却後の未償却残高を時価として，売買を実行することが多くあります。売買対象資産が建物である場合には，鑑定評価額により売買することもあります。

　いずれにしても売買価格には明確な根拠が必要です。税務調査では必ず確認されると考えていたほうがよいでしょう。

## 3．資産除去債務に関する費用・資産・負債は，税務上は全額否認する

　資産除去債務とは，有形固定資産の除去（売却・廃棄・リサイクルによる処分等）に関して法令または契約で要求される法律上の義務をいいます。具体的には，アスベスト除去義務や土壌汚染の調査・浄化義務，建物の賃貸借契約に基づく原状回復義務等が該当します。

　資産除去債務は，発生したときにその費用を合理的に見積もり，それを現在価値に割り引いた金額を負債として計上します。同時に，同額を関連する有形固定資産の取得価額に加算する処理を行い，その資産が減価償却資産である場合には，その後の減価償却を通じて費用化していきます。また資産除去債務は，将来の支出額を現在価値に割り引いたものですので，時の経過により増額していきます。この増額した金額は，利息費用として各期の費用に計上します。

　資産除去債務の金額は，将来の履行義務を金額換算して見積計上したものですので，税務上は確定債務としては認められません。資産除去債務の金額，固定資産の取得価額に算入した金額，減価償却費や利息費用として計上された金額は，税務上はすべて否認する必要があります。

## 4．免税事業者で税抜経理を採用している場合は，取得初年度に償却超過額の調整処理を行う

　消費税の免税事業者が税抜経理を採用している場合，会計上の取得価額は税抜金額となるのに対し，税務上は税込金額となり，乖離が生じます。

会計上で計上された仮払消費税は最終的には費用処理されるため，取得年度において，減価償却資産に関連して費用として計上される金額は「税抜取得価額に基づく減価償却額＋仮払消費税」となります。一方，税務上の償却限度額は「税込取得価額に基づく償却限度額」となり，ほとんどのケースでは，取得年度で減価償却超過額が発生します。法人税別表上の加算処理を失念しないように注意する必要があります。

**関連科目➡** 　支払手数料・支払報酬　寄附金

**質問19** 　償却方法と耐用年数は会計と税務とで一致していますか？　期末日に機械装置を取得しているようですが，稼働させた日はいつですか？

**調査官が知りたいこと**

1．会計上の償却方法・耐用年数は，税務上のものと一致しているか？

2．事業供用していないものを減価償却していないか？　稼働休止資産はないか？

3．過去に特別償却の適用を受けた資産を除却していないか？

4．定期借地権を償却していないか？

**対応と対策**

**1．会計と税務で乖離する場合は申告書上適正に調整する**

　会計と税務とで採用している減価償却方法や耐用年数が異なる場合には，法人税別表上で調整が必要です。

　会計上の減価償却方法は，選択可能な償却方法の中から会計方針により決定します。税務上は資産の種類ごとに法定償却方法が定められていて，それとは異なる方法を採用する場合には一定の届出が必要です。

　耐用年数も会計と税務で必ずしも一致するとは限りません。定期借地契約で土地を賃借している場合，その土地に建築した建物や内部造作は，会計上は借地期間で償却を行います。税務上は定期借地契約かどうかにかかわらず，原則として資産ごとに定められた法定耐用年数により償却を行います。

　調査官は，資産の区分が適正かどうかも確認します。本来は建物附属設備で計上すべきものを器具備品で計上している場合は，本来の償却期間よりも短い期間で減価償却していることがあるからです。

　固定資産を取得して台帳に登録する際は以上の点に注意し，会計と税務で乖離が生じる場合は，法人税申告書上，適正に調整を行う必要があります。

## 2．事業供用しているか否かは客観的な資料により明確にする

　減価償却資産は，事業の用に供しているもののみ減価償却が可能です。期末に減価償却資産を購入していると，税務調査では，期末日までに事業供用されているかについて確認するため，納品書等の提示が求められます。また，工場の見取図などから，稼働していないと推測される装置について，稼働休止中の維持管理状況の確認がなされます。場合によっては，工場に臨場して現場担当者への聞き取りが行われることもあります。

　取得が期末間近の場合には事業供用日を明確に証明する資料を準備することと，固定資産を使用している部門と経理部門との連携を密にして，経理部門で事業供用に関する情報を適切に把握できる仕組みづくりが必要といえます。

## 3．準備金や積立金を設定した資産は個別管理する

　過去に特別償却の適用を受けて特別償却準備金を計上した資産や，圧縮記帳の適用を受けて圧縮積立金を計上した資産について，除却や売却をした場合には，準備金や積立金の残高を一括して取り崩す必要があります。税務上は取り崩した金額を益金算入しますが，法人税別表上におけるこの取崩処理が漏れているケースが散見されます。

　これは，準備金等を設定した資産の個別管理ができていなかったり，固定資

産の除却や売却等の事実を，準備金等の取崩要因として認識していなかったりすることが原因です。準備金や積立金を設定した場合には，資産の個別管理を徹底する体制が必要です。

### 4．定期借地権の償却費は加算調整する

　会計上，定期借地権を借地期間にわたって償却している場合があります。税務上，定期借地権は土地等に区分され，償却対象資産ではないため，申告書上，加算調整が必要です。

**関連科目➡** 　減価償却費　減損損失

---

**特別償却などのインセンティブ措置には当初申告要件がある**

**元審判官によるコーチング**

税制上の優遇措置のうち，当該措置の目的・効果や課税の公平の観点から，事後的な適用を認めても問題ないものについては，「当初申告要件（当初申告時に選択適用し，一定の明細書等の添付をする）」がありません。しかし，設備投資に係る特別償却などの特定の政策誘導を図ることを目的とする措置については，その趣旨に鑑み事後的な適用は認められていません。

## ブイエス（VS）調査官

# その1　「だって，先生が行けって言ったんじゃないで すか」と言われた調査

　ある娯楽施設を運営する上場会社の税務調査であった。そのクライアント（A社）は，全国に数百店の店舗を有し，店舗に電子機器を設置した上で，その電子機器をお客様に利用させることによりサービス提供を行う事業を行っていた。

　調査では，この電子機器の新機種への買換えに係る「下取値引」に関する指摘があがってきた。「下取値引」は一般的に，車の買換えの際に耳にすることが多いかもしれない。これは，固定資産の買換えに際し，下取に出される固定資産の「時価」以上の価額でその固定資産を買い取ってもらい，その時価以上の差額分を新たに取得する固定資産の購入代金から値引きするというものである。

　例えば，新車両（定価100）の買換えにおいて，旧車両（簿価20，適正な時価10）を時価10を超える下取価格40で下取りとして買い取ってもらうというものである。この場合の処理としては，次の二つが考えられる。

| ケース1：（新車両）100 | （旧車両）　20 |
| | （現　金）　60 |
| | （譲渡益）　20 |

| ケース2：（新車両）70 | （旧車両）　20 |
| （譲渡損）10 | （現　金）　60 |

　売り手として，時価以上で旧車両を買い取ったのは新たに発売した新車両の建値を値引きしたくないためであり，新車両の販売促進を意図した実質的な値引き（30）であるから，取得者側としては新車両の取得価額を減額（値引処理）する「ケース2」の処理が一般であるといえる。A社も「ケース2」の処理をとっていた。

　そうした中，調査官は「ケース1」の処理をすべきだと主張してきたのである。どちらのケースでも，買換えにおける支払金額（60）は変わらず，買換時の処理およびその後の減価償却計算を通じて最終的には80が損金になる。したがって，焦点は「期ズレ」の問題となるが，年間何千台と新機種に買換えをするA社としてはその影響は甚大であった。

**調査官：「これは譲渡益の計上漏れですよね」**

私　　：「いや下取値引でしょ。だって，この下取品の時価が40であるわけないですよね」

調査官：「販売会社は，40と評価して引き取っているんですよね」

私　　：「じゃあ，販売会社に反面調査でも行って確認してきてくださいよ。売り手として，下取商品をどう評価して再販売などをしているか，事実を確認してきてください」

ということで，調査官は反面調査に行き，後日，再度の打ち合わせがあった。

調査官：「反面調査に行ってきました。販売会社としては，販売先によっては値引きという認識で処理している会社もあるようですが，Ａ社についてはそういう認識ではないとのことでした」

私　　：「時価の認識や査定はどうだったんですか。そこが重要なんですよ」

調査官：「いえ，そこまでは聞いていません。Ａ社との取引は，値引きとの認識はないとのことだったので，確認としてはそれで十分です」

私　　：「何を言ってるんですか。時価より高く買っていれば値引きで，時価で買っていれば譲渡益なんじゃないですか。だって，耐用年数を経過したこんな中古機器の時価が40であるはずないじゃないですか。反面調査に行った意味がなかったんじゃないですか」

調査官：「だって，先生が行けって言ったんじゃないですか。何ですかその言い方は」

というような問答がその後も続いた。反面調査を「する・しない」は調査官の裁量であるが，この取引では（分かるかどうか別にしても）「時価がいくらなのか」が重要なのである。

　旧機種を時価で買い取っているのであれば譲渡益となり，時価以上の金額で買い取っていれば新機種の値引きなのであるから，買換時に査定をしているのか，一律の下取金額なのか，中古品の転売はあるのか，その価格はどのように決めているのかなど，時価に関する認識や下取品をどう処理しているかなどの確認なくして判断はできないはずである。

　この指摘事項については，単発の取引ではなく今後も永続する取引で，会計処理について監査法人との調整も必要になることから，Ａ社としても「絶対に引かない」という姿勢であり，著者もそれに賛成であった。そのようなＡ社の強い姿勢もあってか最終的には指摘事項に上がらず，会社が納得している指摘事項のみで修正申告を済ませ調査は終了した。

# ⑾　土　　地

> 質問20　社長から土地を購入しているようですね。売買価格はどのよう
> に決定されましたか？　購入した土地はその後何に使用していますか？

### 調査官が知りたいこと

1．土地取得時の時価と売買価格に乖離はないか？
2．土地購入の目的は？
3．取得に係る付随費用は土地取得価額に算入されているか？
4．建物付土地を購入後すぐに建物を取り壊していないか？

## 対応と対策

### 1．同族関係者との取引価格は，金額の根拠を明確にする

　調査官が指摘してくる発端は「何となく疑わしい。租税回避行為ではない
か」という疑念です。恣意的操作が介入しやすい取引が税務調査において指摘
事項になりやすく，特に代表者や同族関係者，同族会社間の取引には，その裏
に租税回避行為が隠されているのではないかと調査官は考える傾向にあります。
調査を受ける側としては，取引の経済合理性の説明と，恣意的な操作をしてい
ないことの立証が何より重要です。

　代表者所有の土地を会社が買い取る場合，買取価格は時価でなければなりま
せん。時価より低額で買うと，会社側は時価と買取価格との差額が受贈益とし
て課税されます。買取価格が時価の2分の1未満の場合は，代表者側も時価で
譲渡したものとして譲渡所得を計算する必要があります。

　反対に時価より高額で買うと，買取価格と時価との差額が代表者に対する給
与と認定されます。この給与は役員に対する臨時の給与であるため法人の損金
にならないだけでなく，給与に係る源泉徴収漏れがあったとして追加納税が必

要になります。買取価格は，鑑定評価に基づくか公示価格に準ずる価格とするなど，明確な根拠が必要です。

## 2．購入目的の経済合理性を重視し，意思決定の経緯を明確にして手続きに不備がないようにする

　代表者との取引は，取引価格とともに，取引の目的も重視されます。代表者と会社の取引は，代表者の任意で決定されやすいため，調査官は，その取引の裏に租税回避行為が隠れているのではないかと考えるのです。

　例えば，代表者個人が所有する土地Aを第三者に売却して，多額の譲渡益が出たとします。たまたま代表者は，含み損のある別の土地Bを有していました。代表者は土地Bを自身が代表を務める同族会社に売却したため，土地Bの売却損が土地Aの売却益と通算され，土地Aの譲渡益課税が回避されました。

　このケースで，土地Bが代表者の自宅の土地であり，同族会社に譲渡後も引き続き自宅土地として使用している場合は，たとえ代表者が同族会社に土地賃借料を支払うことにしたとしても，土地Bの譲渡自体に経済合理性がないと指摘される可能性があります。譲渡後に所有権移転登記をしていなかったり，土地売買契約書が作成されていなかったりすると，土地の譲渡そのものが「仮装取引」としてなかったものとみなされることもあり得ます。

　代表者との取引では，稟議でその取引の理由を明確に示し取締役会で決議するなど，意思決定までの経緯を明らかにする必要があります。登記が必要なものは速やかに登記を行い，法的手続にも不備がないようにしましょう。

## 3．付随費用が費用計上されていないか確認する

　土地を購入した際の仲介手数料や不動産鑑定料などの費用は，取得に係る付随費用として土地の取得価額に算入しなければなりません。誤りやすいのは，売主と買主との間で未経過固定資産税の精算をした場合です。未経過固定資産税は，税金そのものではなく，土地の売買代金に上乗せされたものと考え取得価額に算入します。

## 4．使用目的を変更した場合は，変更理由と変更時期を社内資料で明確にする

　建物付きの土地を購入した場合で，取得後おおむね1年以内に建物の取壊しに着手するなど，当初から建物を取り壊して土地を利用する目的であることが明らかなときは，建物の取壊時における帳簿価額と取壊費用の額は，土地の取得価額に算入することとされています。

　建物除却損と取壊費用を費用計上している場合，税務調査では土地建物の取得目的が厳しく追及されます。会社側は「取得時には建物をそのまま利用する予定だったが，その後状況が変わって取り壊すこととした」と主張するでしょうし，調査官は「当初から土地のみを利用する目的で取得したのではないか」と指摘してくるでしょう。

　このとき威力を発揮するのが各種社内資料です。取得時の社内稟議書に「土地付き建物を取得し，一部改装の上店舗として使用する」旨が記載されていれば，当初の利用目的が明確になります。その後「先般の地震により建物が一部毀損したため，やむなく取り壊すこととし，店舗用建物を新築することとした」旨が稟議書に記載されていれば，取得後に生じた理由により取り壊したことが明確です。取得時点の建物が既に老朽化していたとしても社内の意思決定の経緯が明らかに残されていれば，税務調査で否認することは困難なのです。

**関連科目➡**　役員給与　支払手数料・支払報酬　固定資産譲渡損益
固定資産除却損

## 形式面（形式的手続）の重要性

実質・実態は何から確認ができるでしょうか？　例えば，"物がそこにある"というのは事実として目で確認することができます。では，「所有権が移転している」というのはどうでしょうか？　所有権の移転は目では確認できません。そこで，移転したという実質（管理支配している）を，売買契約書の作成，売買代金の授受，所有権の移転登記という形式面で補強するわけです。

**元審判官**
**による**
**コーチング**

# ⎣12 建設仮勘定・ソフトウエア仮勘定

質問21 物件別・プロジェクト別の累積金額の集計表を見せてください。プロジェクトが中止になった場合の社内手続きはどのようにされていますか？

**調査官が知りたいこと**

1. 実在性に問題はないか？
2. 他勘定への振り替え時期は適正か？
3. 前渡金としての性質を持つものについて，消費税抜き処理をしていないか？

### 対応と対策

#### 1．「とりあえず計上」は厳禁

建設仮勘定やソフトウエア仮勘定は，利益調整に使われやすい科目です。

海外への架空外注費をソフトウエア仮勘定に計上し，その後ソフトウエア勘定に振り替えて，減価償却を通じて損金算入するなど，租税回避行為にもしばしば利用されるため，仮勘定の内容は税務調査で必ず確認されます。

内容が明確でないものをとりあえず仮勘定に計上するのは禁物です。その裏に租税回避行為が隠されているのではないかと疑念を抱かれるきっかけになります。仮勘定の計上根拠や計上に関する社内ルールを明確にして，税務調査では，計上金額に操作可能性がないことを立証することが重要です。

#### 2．他勘定への振り替えルールを明確にする

建設仮勘定やソフトウエア仮勘定は，個々の費用の発生から，完成による本勘定への振り替え，または中止による損失計上までを，プロジェクト別に，か

つ，時系列で明瞭に整理する必要があります。

　本勘定へ振り替えるタイミングは，販売用ソフトウエアの原本ならばリリース時，自社利用ソフトウエアであれば社内で利用を開始したときです。また，中止による損失計上のタイミングは，プロジェクト中止の意思決定をしたときです。これらの時期を，対外的なリリースを示すパンフレットなどの広告宣伝用の資料，社内稟議資料等で明確に示す必要があります。

　特に自社利用ソフトウエアの利用開始時期や中止による損失計上時期は，対外的な書類を作成する必要がないため，任意に操作が可能ととられがちです。これらについては，社内稟議書で意思決定の時期を必ず明確にすることと，他勘定への振り替えに関する社内ルールを策定し，そのルールに則った運用をすることで，操作可能性を排除していることを示すことが重要です。

## 3．支出の内容により消費税抜き処理の可否を判断する

　建設仮勘定やソフトウエア仮勘定に計上される各課税仕入れについて，消費税抜き処理を行う時期は，原則として個々の課税仕入れを行ったときですが，目的物の完成した日の属する課税期間に一括税抜き処理することも可能です。

　ただし，あくまでもその支出が課税仕入れに該当することが前提であり，前渡金的性質を持つ支出についてまで消費税抜き処理をすることはできません。税務調査での指摘が多い項目です。

**関連科目➡**　　有形固定資産　ソフトウエア

## 反面調査

**元審判官によるコーチング**

反面調査は，納税者本人ではなく，その取引先などに対して実施される税務調査です。反面調査も税務調査の一環であるため，「行くのはやめて欲しい」と伝えたとしても，納税者としてこれを止める手段はありません。反面調査は取引先に聞かないと分からないことを確認するためのものであるため，調査官が何を知りたいのかを確認し，納税者として速やかな対応をとることが最善の処処です。

# 13 ソフトウエア

質問22 自社開発ソフトウエアの原価計算資料を見せてください。昨年度開発したソフトウエアのリリース資料はありますか？ 耐用年数はどのように決めていますか？

**調査官が知りたいこと**

1. プロジェクト管理はしているか？ 原価計算は適正か？
2. 市場販売目的のソフトウエア開発費について，資産計上開始時点は適正か？
3. 自社利用目的のソフトウエア開発費について，会計上費用処理したもので税務上資産計上すべきものはないか？
4. 償却開始時期や償却期間は適正か？

**対応と対策**

## 1. 厳密なプロジェクト管理の過程で適正な原価計算を行う

　自社開発のソフトウエアの取得価額は，制作のために要した原材料費・労務費・経費の額と事業供用費の合計です。ソフトウエアの開発事業を行っている法人に対する税務調査では，その原価計算方法は必ず確認されます。

　ソフトウエアの開発事業を行っている場合，プロジェクト別に，立案から完成に至るまでの進捗管理・費用の見積り・作業の割り振り・原価計算・損益分析・リスク管理等を行っているはずです。このようなプロジェクト管理は，赤字プロジェクトの把握やさまざまな経営判断の基礎となります。その中で原価計算は，作業工数の管理方法，直接費の集計方法，間接費の配賦基準等について，一定のルールに則って計算がなされている必要があるのはいうまでもありません。調査官には，自社のプロジェクト管理方針と，その過程で行われるプ

ロジェクトごとの原価計算方法を明確に示しましょう。

## 2．市場販売目的のソフトウエアについて，最初に製品化された製品マスター完成時点を明確に示す社内資料を整備する

　自社開発のソフトウエアのうち市場販売目的のものの開発費用は，以下のように処理します。会計と税務とで異なることはありません。

① 　最初に製品化された製品マスターの完成までに要した費用……研究開発費

② 　最初に製品化された製品マスターが完成してから，複写可能な最終的な製品マスター完成までに要する費用……取得価額（著しい改良に要した費用は研究開発費）

　同じ開発費用でも，費用になるものと資産計上するものに分かれるため，税務調査では，いつの時点が最初の製品マスター完成時点かが論点となります。これは内部資料で示すしかありませんから，開発の作業工程表と，量産化を決定した社内稟議資料が絶対的な根拠資料となります。これらの資料がない場合や，資料があっても社内での決定方針があいまいな場合には，税務調査で厳しく追及されることになるでしょう。特にソフトウエアは目に見えない資産ですから，調査官の考え方ひとつで結論が左右されがちです。社内資料を整備して自社の処理方針を明確に打ち出すことが最大の税務調査対策です。

## 3．自社利用ソフトウエアの開発費用は，原価計算に基づき適正額を加算調整する

　自社開発ソフトウエアのうち自社利用目的のものの開発費用については，会計と税務で処理基準が異なる部分があります。

　会計上は，将来の収益獲得や費用削減が確実なものを除き費用として処理することとされています。一方税務上は，将来の収益獲得や費用削減にならないことが明らかなものに限り費用処理することができるとされていますので，制作費用であれば，実務上はほとんどを資産計上せざるを得ないと考えます。

　会計上で費用処理した開発費のうち税務上資産計上すべきものは，法人税別

表において加算調整する必要があります。この点においても，原価計算資料は重要です。適正な原価計算に基づいて加算額を算出していることが説明できれば，調査官が否認するのは難しいのです。

### 4．リリース資料や社内稟議により事業供用日を明確に示す

ソフトウエアも減価償却資産ですから，事業供用時から償却が可能になります。ソフトウエアは目に見えない資産ですので，何らかの方法により，事業供用日を明確にする必要があります。販売用ソフトウエアの原本ならばリリース時，自社利用ソフトウエアであれば社内で利用を開始したときが事業供用のときと判断できます。これらの事実は対外的なリリースを示すパンフレットなどの広告宣伝用の資料や社内稟議資料等で明確にする必要があります。

税務上の償却期間は，販売用ソフトウエアの原本は3年，自社利用ソフトウエアは5年と定められています。会計上，販売用ソフトウエアを見込販売数量に基づき償却している場合は，会計上の償却費が税務上の償却限度額を超過することが多いと考えられるため，法人税別表において調整が必要です。

**関連科目➡** 研究開発費　減価償却費

元審判官
による
コーチング

### ソフトウエアの利用形態を理解する

販売用ソフトウエアは CD − ROM などの記録媒体に複写して販売するもの，自社利用ソフトウエアは自社の業務などで使用するものというのが大雑把なイメージかと思いますが，その形態は様々です。携帯電話のアプリでは，ダウンロードして使用（販売）するものもあれば，インターネットに接続して使用（課金）するものもあります。前者は販売用，後者は自社利用ということになります。

# ⒕　のれん

> **質問23**　のれんはどのような行為により発生したものですか？

**調査官が知りたいこと**

1．のれんの計上要因は何か？
2．資産調整勘定は発生しているか？
3．適格組織再編の受入処理は適正か？

## 対応と対策

### 1．買収手法による課税関係を区分し，関連資料は整理・保管する

　のれんとは，企業のブランド力，得意先との信頼関係，営業上のノウハウ，立地条件等の地理的条件，特殊な技術など，他の企業を上回る企業収益を稼得することができる無形の財産的価値をいいます。

　企業会計では，事業譲渡により事業を譲り受けた際，または，合併などの組織再編行為により他社の事業を買収した際，買収対象事業の時価純資産額を上回る金額の対価を交付した場合に，これらの差額を基礎として貸借対照表上にのれん等の無形資産が計上されます。

　一方，事業譲渡や組織再編行為による税務処理は，会計処理と異なることがほとんどです。また税務処理は，買収手法（事業譲渡，合併，会社分割，株式交換，株式移転，株式交付など）により法人税および消費税の課税関係が全く異なってきます。

　会社が買収行為を行った場合は，事実関係を示す契約書や関連資料は税務調査において必ずチェックされると考えていたほうがよいでしょう。

## 2．資産調整勘定の金額計算根拠を明確に示す

　買収手法が事業譲渡の場合や，法人税法上の非適格合併・非適格分割に該当する場合は，税務上ものれんに似た概念である「資産調整勘定」が計上されます。しかし，買収時に生じた会計上ののれん等の無形資産計上額と，税務上の資産調整勘定の金額は，それぞれの計上根拠となる基準・規定が異なるため，一致しないことがほとんどです。また，資産調整勘定は5年間で償却しますが，のれん等の無形資産は企業会計上のルールに則った償却期間で償却します。

　調査官は，貸借対照表にのれん等の無形資産が計上されている場合には，金額の根拠と別表調整の有無を必ず確認します。買収行為を行った場合には，税務上の資産調整勘定を計上すべきケースに該当するか否かの検討と，計上すべき場合には金額の根拠を明確にして，会計上ののれん等の無形資産を適正に別表調整する必要があります。

## 3．適格組織再編に該当する場合，会計上で計上されているのれん等の無形資産が全額別表調整されているか確認する

　買収手法が税務上の適格組織再編に該当する場合は，税務上，資産調整勘定が発生することはありません。組織再編実行時に会計上で計上されるのれん等の無形資産の金額も，その後の事業年度で計上されるその無形資産の償却費も，全額別表調整されるのが正しい処理です。

---

**元審判官によるコーチング**

### 組織再編税制における行為計算の否認

法人税法第132条の2（組織再編成に係る行為又は計算の否認）に規定する「法人税の負担を不当に減少させる結果となると認められるもの」を巡る裁判例として，ヤフー事件（最高裁平成28年2月29日判決）があります。この裁判例は最高裁判決であることから，一つの"道しるべ"ができたといえますが，同条の適用を巡る課税庁と納税者の争いは今後も増えるのではないかと思います。

# [15　敷金・保証金

> **質問24**　新たに敷金が発生しているようですが，賃貸借契約書を見せて
> ください。どのような目的で賃借したのでしょうか？

**調査官が知りたいこと**

1．新規事業を開始するのか？　新規事業所を開設するのか？
2．返還されない部分は税務上の繰延資産としているか？
3．特定の役員の社宅として賃借していないか？
4．車両を所有していないのに駐車場の契約をした場合，その
　目的は何か？

**対応と対策**

**1．新規事業展開に関して明確に説明できるように準備する**

　敷金や保証金が新規に発生するということは，会社が新たに何か（事務所・
倉庫・工場など）を賃借したということです。通常は事業上の目的があって賃
借を開始するのですから，駐車場や社宅として賃借する場合を除き，敷金や保
証金の新規発生は，そこから何か事業が動き出すというサインです。新規の取
引には税務上の論点が潜んでいることが多々あります。調査官は，事業の動き
に関して聞き取りを行う中で論点を探し出し，税務上の処理に問題はないか検
証を行います。

　賃借を開始した目的や今後の事業展開に関して明確に説明ができるように備
えましょう。

**2．返還されない部分の処理を確認する**

　敷金や保証金のうち，退去時に返還されない部分の金額は税務上の繰延資産

に該当します。償却期間は5年（賃借期間が5年未満で契約更新の際に再び権利金等の支払いを要する場合は賃借期間）とされ、法人税申告書に別表16(6)を添付して償却の明細を明らかにしなければなりません。別表の添付は漏れやすいので注意が必要です。

　実務上は、返還されない部分も敷金保証金として資産計上している処理や、返還されない部分の全額を支出時の損金としている処理が多く見受けられます。全額支出時の損金としている場合は、償却超過として税務調査で指摘されることになるでしょう。

　なお、返還されない部分については、居住用である場合を除き、支出時に消費税の控除が可能です。賃貸借契約書上、敷金や保証金は「税抜賃料の○ヶ月分」と記載されることが多いことから、消費税の控除ができないものと誤解されがちですので注意が必要です。

### 3．社宅規程を作成し，適正な社宅負担金を徴収する

　会社が賃借人として住宅の賃貸借契約を締結し、社宅として使用することがあります。税務調査で特に争点になりやすいのは、役員社宅です。調査官は、会社が賃借している物件を役員社宅として使用している事実を発見すると、「社宅負担金の有無」や「社宅規程の有無」を必ず確認します。

　社宅使用者である役員は、通常自己負担すべき居住費を会社に負担してもらっているのですから、税務上、これにより享受している経済的利益は給与として取り扱われることになります。

　経済的利益の額の計算方法は、固定資産税評価額に基づく方法が所得税基本通達に定められていますが、一般的には、会社が家主に支払う賃借料の50%を社宅使用料として役員個人に負担させていれば、給与課税が問題になることはありません。

　ただし、広さが240㎡を超えるものや、プールなどの特殊な設備を備えているものは、一般的に貸与される住宅の範疇を超えると考えられ、賃借料の全額を役員に負担させる必要があります。

　いずれにしても調査官は，社宅負担金の額が所得税基本通達に基づく金額以上であるかを確認してきますから，通達に定められている計算方法には一度目を通しておく必要があるでしょう。

　また，社宅負担金の額が適正でも，社宅制度が特定の役員のみを対象としているものである場合は，やはりその役員に対して経済的利益を供与していると認定される可能性が高くなります。その意味からも社宅規程は，社宅貸付けの対象者と社宅負担金の計算根拠に恣意性がないことの証明資料として有用です。

### 4．車両を有していない場合の駐車場契約は，理由を明確にする

　会社で車両を所有もリースもしていないにもかかわらず，駐車場契約に伴う敷金の支出がある場合には，駐車場の用途を説明できるようにしておく必要があります。

　来客のための駐車場などである場合は，会社の事業遂行上その駐車場が必要である理由を整理しておきましょう。役員の車通勤など私的に利用するための駐車場である場合には，役員に対する経済的利益の供与として給与課税がなされる可能性があります。

**関連科目➡**　　役員給与　従業員給与・賞与　地代家賃

## 役員に対する車両の提供

**元審判官によるコーチング**

役員に対して会社の車両を無償貸与したり，運転手付きの専用車を提供することがあります。私的利用がない（業務上の必要性と使用実績がある）ときには，もちろん給与とはなりません。しかし，私的利用として給与と認定された場合には，車両の維持と使用にかかったすべての費用が給与課税の対象となります。車両の運行状況の管理および役員のスケジュール管理は重要な疎明資料となります。

# 16 ゴルフ会員権

質問25 ゴルフ会員権の名義が社長個人のようですね。社長はゴルフがお好きなんですか？　一緒にプレーされる方はどんな方ですか？

**調査官が知りたいこと**

1. 特定の役員または使用人の給与になるものはないか？

## 対応と対策

### 1. ゴルフ会員権の取得について業務遂行上の必要性を明確に示す

　ゴルフ会員権には税務上の論点が目白押しです。法人が個人会員としてゴルフクラブに入会する場合は，入会金その他入会に要した支出は個人会員である役員または使用人に対する給与となります。ただし，無記名式の法人会員制度がないため個人会員として入会し，法人がその入会金等を資産計上した場合は，その入会が法人の業務遂行上必要であると認められるケースに限り給与とはされません。このような場合は，個人と法人との間で「この会員権は会社のものである」旨を記載した書面を取り交わすようにしましょう。

　ゴルフ会員権に関する課税関係の基本的な考え方は次頁の表のとおりです。基本的には，入会金等の初期費用は資産計上，入会後発生する年会費やプレー代等は交際費になります。ただし，法人の業務遂行と関連が認められない場合はこれらすべてが特定の役員や使用人に対する給与となります。

　ゴルフ会員権の取得が法人の業務遂行上必要であること，実際に個人的な利用はしていないことを，取得後の利用実績に基づき明確に説明する必要があるでしょう。

[ゴルフ会員権に関する課税関係]

| 入会金等<br><br>（入会金・預託金，他者から購入したものであれば購入代価・名義書換料） | 法人会員 | **資産計上**<br>※右記以外 | **給与**<br>※名義人である特定の役員・使用人が専ら法人業務に関係なく利用するとき |
| --- | --- | --- | --- |
| | 個人会員 | **資産計上**<br>※法人の業務遂行上必要な入会で，無記名式の法人会員制度がないため個人会員として入会したとき | **給与**<br>※左記以外 |
| 年会費・ロッカー料等 | | **交際費**<br>※入会金等を資産計上しているとき | **給与**<br>※入会金等が給与とされたとき |
| プレー代 | | **交際費**<br>※業務上の利用のとき | **給与**<br>※業務上の利用でないとき |

**関連科目➡**　　役員給与　従業員給与・賞与

元審判官
による
コーチング

## 業務遂行との関連性

例えば，大学時代の友人が自分と同じように会社の経営者であったとして，会社の経費でその友人と毎週のようにゴルフに行っていたとしましょう。この時のプレー代は交際費でしょうか，それとも給与でしょうか？　業務遂行との関連性（必要性）では，その友人と毎週のようにゴルフに行く理由は乏しく，経験則に照らせば"友達だからでしょ"として，当然，給与に該当することになるでしょう。

質問26 ゴルフ会員権に貸倒引当金を設定されていますね。ゴルフ場運営会社の経営状況がわかる資料を見せてください。

**調査官が知りたいこと**

1. ゴルフ場運営会社の破たんの状況は？
2. 預託金が貸倒引当金の設定対象となるか？
3. その他ゴルフ会員権に関して何らかの損失計上をしていないか？

対応と対策

### 1. ゴルフ場運営会社の状況を把握する

　ゴルフ会員権の時価が著しく下落した場合，会計上は評価損や貸倒引当金の設定により，会員権の貸借対照表価額を引き下げることが要請されます。

　一方税務上は，評価損の計上や貸倒引当金の損金算入に関して要件が厳しく設定されているため，会計上の評価損や貸倒引当金の損金性について，根拠資料に基づく綿密な検討が必要です。ゴルフ場運営会社について何らかの法的手続の申立てや開始決定がなされている場合は，それらに関する通知書などの法的書類を整理し，ゴルフ場運営会社が今現在どのような状況下にあるのか明確に把握することが重要です。

### 2. 税務上の損失計上要件を確認する

　ゴルフ会員権の価格の下落や価値の毀損について，税務上認められる損失計上方法は次頁の表のとおりです。

　預託金制のゴルフ会員権の預託金は，そのままでは法人税法上の金銭債権には該当しません。銀行預金と同様，他者に対する単なる預け金として取り扱われます。預託金に対して貸倒引当金や貸倒損失が計上できるのは，預託金の性質が金銭債権に転換した場合に限定されています。

会計上の取扱いと大きく異なり，損金算入要件が複雑であるため，別表調整誤りが多発しやすい項目です。

[ゴルフ会員権に関する税務上の損失計上]

| ゴルフ会員権の種類 | 処理方法 | 要　件 | | |
|---|---|---|---|---|
| 株主制 | 評価損 | ① 資産状態の著しい悪化<br>② 時価が帳簿価額の50％未満<br>③ 回復の見込みなし | | |
| 預託金制 | 貸倒引当金・貸倒損失 | 性質が金銭債権に転換した場合 | | |
| | | 【例1】退会届を提出したものの預託金が返還されない場合 | ➡ | 預託金の全額が金銭債権になり，貸倒引当金設定可。ゴルフ場運営会社について何らかの法的手続申立てがなされた場合は，個別貸倒引当金の設定対象。 |
| | | 【例2】ゴルフ場運営会社について法的手続開始決定がなされた場合 | ➡ 再生型 | 預託金は金銭債権に転換しない。貸倒引当金設定不可。 |
| | | | ➡ 清算型 | 預託金の全額が金銭債権に転換し，個別貸倒引当金設定可。 |
| | | 【例3】ゴルフ場運営会社について法的手続認可決定がなされたことにより，預託金の一部又は全部が切り捨てられた場合 | ➡ | 切り捨てられた金額は貸倒損失処理可。 |

※再生型：会社更生手続，民事再生手続　　清算型：破産，特別清算

## 3．代表者に対する売却は，売却事実に疑念が持たれないようにする

　ゴルフ会員権の含み損は，他者に売却することにより実現させることができます。ただし，売却先が会社代表者や同族関係者である場合は，売却の目的に

合理性が求められることはもちろん，売却事実の立証に注意が必要です。売却に関する取締役会決議，売買契約書の締結，代金の決済，会員権証書の引渡し，名義書換，年会費の精算等，実態の上でも形式上も売却の事実が説明できるようにする必要があります。

　代表取締役の取締役退任に際し，ゴルフ会員権を退職金の一部とすることもありますが，退任とは名ばかりで引き続き経営に従事している実態があったり，ゴルフ場の利用状況に何ら変化がない場合は，調査官は，含み損実現のための仮装行為ではないかと勘ぐるでしょう。

　調査官は租税回避行為と指摘する，納税者は経済合理性のある行為と主張する，いわゆる「見解の相違」が起きやすい項目です。代表者と会社との取引には，誰が聞いても納得できるような理由が必要です。


関連科目➡　　貸倒引当金　貸倒損失

# 17　保険積立金

> **質問27**　J生命保険の保険証券を見せてください。また，保険会社から定期的に送られてくる書類はありませんか？

**調査官が知りたいこと**

1．契約者，被保険者，保険金受取人はだれか？
2．契約者配当金の計上漏れはないか？
3．名義変更時の処理は正しいか？

**対応と対策**

## 1．保険積立金の計上漏れがないか確認する

　保険商品は多種多様であり，契約者・被保険者・保険金受取人により税務上の取扱いが異なります。保険料が全額損金として認められるものがある一方で，一部は保険積立金として資産計上が必要なものもあります。福利厚生目的の保険で，特定の役員や使用人のみを加入対象とした場合，その役員や使用人に対する給与となるケースもあります。

　万一の場合に備えるという保険本来の目的から逸脱していると認められる過度な節税商品への対応として，たびたび国税当局から税務上の取扱いを変更する通達が発遣されています。令和元年の通達改正では，例えば定期保険等の保険料については，最高解約返戻率に応じて資産計上期間と資産計上額，取崩期間が定められましたが，その後も保険本来の趣旨を逸脱するような商品開発や募集活動に対して厳しい対応がされているところです。

　調査官は，保険契約の種類や加入目的，加入対象者の範囲などから，税務上の処理が適正かチェックを行います。保険積立金として計上すべき金額を損金算入していた場合は，課税所得が過少であったと指摘を受けることになり，給

与とすべきと認定された場合は源泉徴収漏れの指摘を受けることになるでしょう。特に，通達の発遣により取扱いが変更されたものについては，その適用時期に注意が必要です。

## 2．保険会社からの通知には必ず目を通して整理・保存する

　法人が生命保険契約に基づいて支払いを受ける契約者配当金については，その通知を受けた日の属する事業年度の益金の額に算入します。

　契約者配当金は，発生の都度受け取る方法と，保険会社に積み立てておく方法とが選択できるものがほとんどです。積立方式を選択すると，実際の入金がないため益金算入処理を失念することがあります。保険会社からの通知には，契約者配当金発生の有無の他にも重要な情報が記載されている場合がありますので，注意して目を通すように心がけることが必要です。

## 3．名義変更時は解約返戻金相当額に基づき損益計上する

　代表者が役員を退任するときに，役員退職金の一部として，法人名義の生命保険契約を個人名義に変更することがあります。この場合の税務処理は，原則として，解約返戻金相当額が役員の退職所得に係る収入金額となり，他の退職所得と合わせ支払法人における源泉徴収の要否を判定します。また，解約返戻金相当額と保険積立金との差額は，支払法人において雑収入または雑損失として処理します。

　保険会社側では，単に契約者名義変更の事務手続きを行うのみであることから，契約者側から問い合わせない限りは，解約返戻金相当額に関する情報を入手できないことがあります。そのため，保険積立金を単に雑損失に振り替える処理しか行わない，そもそも名義変更を役員退職金として認識しないなどの誤りが起こりがちです。解約返戻金相当額はしばしば高額になるため，調査官が目を光らせる項目の一つです。これらの取引は頻繁に行われるものではなく，かつ，取引金額も高額になるのが常といえます。支払いをする会社側の処理，そして，それを受け取る個人側の処理の両面で検討が必要になります。

関連科目➡　（役員）退職金　保険料

元審判官
による
コーチング

## 法定調書（支払調書）という租税関係資料

生命保険契約に関しては，保険金を支払った場合および死亡による契約者の変更があった場合に，法定調書が保険会社から税務署に提出されます。このほかにも様々な法定調書があり，近年では，国外送金等調書，国外財産調書，金地金等の譲渡の対価の法定調書などがトピックとして取り上げられますが，これらは課税庁が課税漏れを防ぐためのツールとして制度化したものなのです。

# ⎧18 支払手形・買掛金

> **質問28** G社に対する買掛金の支払いが数年滞っているようですが，理由は何でしょうか？

**調査官が知りたいこと**

1．発注から代金決済までの流れは？
2．長期滞留しているものはないか？　残高が異常な取引先はないか？

## 対応と対策

### 1．帳簿書類を整備し，書類上の整合性をチェックできる業務フローを構築する

　買掛金のように期中の変動が大きくて期末残高が多い勘定科目は，不正に使われやすい傾向があります。少々の異常な出入金があっても，日常の金額の動きに紛れてしまうからです。

　調査官は，物やサービス提供の流れとお金の流れにつじつまの合わないところはないかを調査します。発注伝票・納品書・入庫伝票・返品伝票・見積書・請求書・領収書等から物やサービス提供の流れと代金決済状況を把握し，帳簿上の金額と照合することにより取引全容の確認を行います。

　調査を受ける側としては，これらの帳簿書類を作成・保存するのはもちろんのこと，書類相互の金額に整合性が保たれていることを日々確認しておく必要があります。さらに，整合性のチェック体制に関する社内ルールと，発注から資金決済までの業務フローを構築するとともに，日常業務の中でそれらが正しく運用され，ミスの発生や操作可能性の介入余地がないことを調査官に示すことが重要です。

**2．翌期の支払実績により期末買掛金残高が正しいことを証明できるようにし，異常な残高はその理由を説明できるようにする**

買掛金を確認する際，調査官は以下の点をチェックします。

① 長期滞留しているものについて，発生経緯そのものに異常はないか

仕入を二重計上した可能性や架空仕入計上の可能性，仕入値引・仕入返品・仕入割戻の処理が漏れていた可能性が調査されます。

② 販売管理システム上の残高と帳簿上の残高とが一致しているか

一致していない場合は，転記ミスや何らかの人為的操作の介入が疑われることになります。

③ 消込みが規則的に行われていないものや，残高が異常なものはないか

架空仕入れがあれば，買掛金発生額と消込額とが一致しなかったり，買掛金残高が異常に膨れ上がったりすることがあります。

また，調査官が事前に収集した資料や反面調査から，仕入の過大計上が指摘されることもあります。反面調査がされやすいのは，大口取引先，臨時に取引が発生していて金額が大きい取引先，期末に急激に仕入が増加している取引先，一旦取引を停止した事実があるもののその後取引を再開した取引先，代金決済方法や支払サイトが変更された取引先などです。

関連科目➡　売上原価

### 税務調査実施上の裁量権

**元審判官によるコーチング**

現在の裁判例では，税務調査における法令上特段の定めのない実施の細目（質問検査の範囲，程度，時期，場所など）については，質問検査の必要があり，かつ，これと納税者の私的利益との勘案おいて社会通念上相当な限度にとどまるかぎり，調査官の合理的な選択に委ねられているとされています。したがって，納税者には一定程度の不利益を受けることの受忍義務があるわけです。

# ⑲ 未払金・未払費用

質問29　決算月とその前月の請求書綴りを見せてください。

**調査官が知りたいこと**

1．債務未確定のものはないか？

2．会計上，概算計上しているものはないか？

3．支払サイトが異常なものはないか？

4．長期滞留しているものはないか？

**対応と対策**

**1．決算時に未確定債務の洗い出しを必ず行う**

　未払金や未払費用には，税務上は債務が未確定であるとして，その期の損金にならないものが多く含まれています。税務調査で指摘されやすいものは以下のとおりです。

① 締日後の役員給与

② 決算賞与（税務上の要件を満たさないもの）

③ 決算賞与に係る法定福利費

④ 退職年金掛金

⑤ 監査報酬

⑥ 税理士報酬（確定申告報酬）

⑦ 賦課決定日が到来していない不動産取得税

⑧ 事業所税

⑨ 寄附金

⑩ 短期前払費用を未払計上したもの

## ２．概算計上した未払費用は，申告書上で確定金額に置き換える

　会社決算数値を締めるときまでに請求書が到着していない等の理由により，会計上は概算額を未払計上した場合は，法人税の課税所得計算上は確定額に置き換えるような別表調整を行う必要があります。調整が漏れやすく，税務調査で指摘されやすい項目です。

## ３．支払サイトの変更は，債務確定の事実とその後の支払実績を明確に示す

　通常の支払サイトは１ヶ月であるのにもかかわらず，翌期首に２ヶ月遅れで支払っているものがある場合は，請求書の日付が前倒しに操作されている可能性を疑われます。納品書や検収書など他の書類で債務確定日に関する確認がなされ，さらに，反面調査がなされる可能性もあります。

　支払サイトが変更になった場合には，その理由とその後の支払実績を明確に示す必要があります。

## ４．長期滞留の原因を分析する

　長期滞留しているものがある場合には，発生の経緯そのものに異常がないかチェックされます。経費の二重計上や架空計上の可能性，納品や役務提供が完了していないのに請求書だけが先行して到着した可能性が調査されることになるでしょう。

　特に，関連会社に対する業務委託料の支払いが長期滞留していると，何のための費用か，架空計上ではないか，金額は適正か，相手側で収益計上しているかなど更なる調査のきっかけを与えることになります。

　長期滞留しているものについては，事前にその原因の分析が必要でしょう。

　関連科目➡　賞与引当金・退職給付引当金　従業員給与・賞与　法定福利費
　　　　　　支払手数料・支払報酬

## 未確定債務の別表調整と消費税

会計上未払計上した費用について，未確定債務として法人税の課税所得計算上別表加算の調整を行った場合，通常は，当該費用に係る消費税も課税仕入れが行われていない（「資産の譲受けもしくは借受けをした日または役務の提供を受けた日」が未到来）として，仕入税額控除の対象にはなりません。消費税に関する調整が漏れていることも税務調査の現場ではよく見かけます。

質問30　未払配当金の配当確定日を教えてください。

### 調査官が知りたいこと

1. 配当の支払確定日から1年を経過しているものはないか？
2. 除斥期間を経過しているものはないか？

#### 対応と対策

### 1. 配当支払確定日から1年経過後のものは早急に源泉所得税等を納付する

　配当を支払う場合，株主の所在が不明のために未払いになってしまうケースもあります。配当の支払確定日から1年を経過した日までに支払いがない場合には，その1年を経過した日に支払いがあったものとみなして，所得税等の源泉徴収を行い，翌月10日までに納付することとされています。

　期日までに納付されていないことが税務調査において発覚した場合には，本税の納付に加え，10％の不納付加算税が課されます。これに対し，税務調査とは関係なく本税を自発的に納付した場合や，法定納期限から1ヶ月以内に納付した場合で直近1年間に納付漏れがないときは，不納付加算税が減免される措置があります。税務調査とは関係なく，納付漏れがないか確認するのが賢明です。

　なお，支払確定日から１年を経過した未払役員賞与も，源泉所得税等の納付が必要です。

## ２．除斥期間を経過した配当は雑収入に計上する

　株主が会社に対して有している配当支払請求権の時効は，民法において配当請求権を行使できると知ったときから５年，または，配当請求権を行使できるときから10年のいずれか早い日と規定されています。実務上は，会社の定款において配当支払請求権の行使期間を３年や５年と制限する除斥期間条項が盛り込まれていることがあります。

　この期間を経過した場合は，配当支払債務の免除を受けたことになるため，その免除額を雑収入に計上する必要があります。未払配当金の発生時期と残高の管理は必須といえます。

# その2 「え！ そんなの出せるわけないでしょ」と言ってしまった調査

　とある業種向けに，その業務上必須となる業務管理システムの構築・販売および
そのメンテナンス，情報提供をインターネット上のクラウドで行う上場会社の税務
調査の話である。通常の任意調査ではあったが，調査官は調査当初から，そのクラ
イアント（A社）の特定の取引先との取引について集中的に調べているようであり，
直観として，何か事前に情報を持った上で調査に来ているのであろうと思われた。

　この取引先の経営者はB氏（外国人）であり，A社の社長とB氏が知人であるこ
とがきっかけで取引を始めたとのことであった。この取引先は，A社が販売する業
務管理システムの構築に必須となるデータをインターネット上で検索・収集の上，
その整理作業を受注しており，月間1,000万円を超える支払いがA社からあり，そ
れがある時期から急激に増えていたことから，調査官は，A社社長への資金の還流
を疑っていたようであった。

　しかし，外注作業の窓口となっているA社の部署に詳細を確認したところ，他社
に委託していた作業をその取引先に変更したことから支払いが急激に増えたとのこ
とであり，実際にやりとりをしている成果物（データ）を確認すると気が遠くなる
ほどの莫大な情報量であり，支払いが高額になることは十分に理解できるもので
あった。

＊　＊　＊

　そして調査の終盤になって，別の取引について調査官から新たな指摘があった。
その取引先（C社）は，B氏の紹介でA社社長からの指示により取引先になったも
ので，従業員の出張に係る鉄道や航空機のチケット手配，出張先でのホテルの予約
などをすべて委託しており，A社はC社に月間数百万円程度の支払いをしていた。
A社には，営業・サポート・開発のための拠点が全国に30拠点ほどあり，従業員
数も数百人の規模であったことから，出張の回数も全社レベルではかなりの回数で
あった。

　C社への委託前は，個々の社員が業務時間を使って出張に係る経路・時刻表検索
を行い，料金比較なども踏まえ宿泊先の手配を行うなど，出張時の交通機関のチケッ
トおよび宿泊先の手配に総務部門でのチェックなども含めて相当の社内コストがか
かっていた。C社の業務は，A社において出張の稟議申請さえすればその稟議情報

が共有され，最安料金の検索などを踏まえすべての手配をしてくれるというものであり，十分に費用対効果があるとのことであった。

　著者も，最初に話を聞いた時には「そんなに払っているの」「社長の知り合いの会社なんだよね」と若干調査官に近い目線で考えてしまった。

　しかし，自身が出張した際のチケット予約の手間を思い出し納得した。「時間帯によっても料金が違うし，同じ時間帯でも航空会社によって料金が違うのか。ホテルはちょっとくらい高級なほうがいいよな。この値段で朝食ついてないの？」等々。1時間や2時間がすぐに経ってしまったように思う。そんなことを考えながら，調査終盤の臨場時に上記の外注費について，

調査官　　　：「ちょっと高くないですか。社長のお知り合いとのことですよね」
会社担当者：「確かに知り合いみたいですが問題ありますか。全然高くないですよ」
調査官　　　：「いやいや高いでしょ。明らかに適正額を超えてますよ」
私　　　　　：「適正額って何ですか？　私も自分の経験を振り返って，航空券やホテルの予約すること一つとっても結構時間がかかると納得しました」
調査官　　　：「では，こちらで適正額を算定して提示しますよ。明らかにおかしいです」
私　　　　　：「えっ！　そんなの出せるわけないでしょ。何を根拠に出すんですか」
調査官　　　：「いや出せますよ！」
私　　　　　：「分かりました。やれるもんならやってみてください……」

というやりとりがあった。その後も調査は続いたが，この件が話題になることは二度となかった。税務において「適正額」というフレーズはよく出てくる。しかし，公正な相場があればよいが，そうでないものは他社事例などを参照して算定するしかない。

　仮に他社事例などを参照して適正額らしきものが算定できたとしても，個々の事情が異なればその数値は全く意味のないものになる。本件において，唯一の適正な金額など出せるわけがないと確信していた。「適正額らしきもの」に会社が納得して（納得するわけはないが）修正申告に応じるならまだしも，そのような金額（根拠）で更正決定などできるわけがないのである。

# 20 借入金

> **質問31** 前期に新規借入が発生していますが，どのような目的で借りられたものですか？ 借入先はどなたですか？

**調査官が知りたいこと**
1．資金使途は明確か？
2．借入先との関係は？


**対応と対策**

## 1．借入金の資金使途を明確にする

新規に借入金が発生した場合，資金使途は税務調査で必ず確認されます。

法人の設備投資や運転資金に充てるための資金であれば，何ら問題はありません。しかし，代表者や同族関係者への資金提供を目的とする借入金であり，その提供資金の回収がされていない場合には，法人が負担している利息や，提供した資金そのものが個人に対する給与として認定される可能性もあります。

## 2．同族関係者からの借入金は資金源泉を明確にする

税務調査では，法人と代表者との取引全般が調査対象となります。

法人が代表者から資金の借入を行った場合には，資金の源泉が調査の対象となります。過去の売上除外や架空経費による裏金が，会社側の資金繰りの都合上致し方なく借入金として表面化することもあるからです。特に，借入金の総額が代表者の所得に見合わないほどに多額である場合は，微に入り細に入り調査がなされるでしょう。同族関係者からの借入金は，資金源泉について明確な回答が必要です。

## 外貨建借入金の借り換えに伴う為替差損益の認識

**元審判官によるコーチング**

所得税に関する争いですが，外貨建借入金の借換え時における為替差損益の所得認識の是非について，借入条件に変化があることをもって"是"とした事例（平成27年9月1日非公表裁決），逆に変化がないことをもって"非"とした事例（平成28年8月8日公表裁決）があります。所得税における"所得の実現とは？"という非常に奥の深い問題です。

**質問32**　新規に発生した借入金の担保は何でしょうか？　借入れに際して手数料の支払いは生じていますか？

**調査官が知りたいこと**

1．借入の担保は何か？
2．シンジケートローンの各種手数料の処理方法は？

### 対応と対策

#### 1．信用保証協会に対する保証料は，保証期間を確認して，未経過の部分を前払費用に計上する

　金融機関からの融資を受けるためには，通常は担保の提供が求められます。法人も社長も担保となる資産（主に土地）を有していない場合は，信用保証協会から保証を受ける方法があります。

　信用保証協会への保証料は，通常は保証期間開始時に一括して支払いますので，保証期間のうち翌期首以降の期間に対応する部分の金額は，前払費用として計上するのが正しい処理です。

　調査官は，銀行からの融資の状況と不動産の保有状況から，前払費用計上漏れの可能性を探り，支払手数料等の費用科目をチェックします。計上漏れを防

ぐため，契約時には保証期間の確認を忘れずに行いましょう。

## ２．手数料の課税関係は，各手数料の性質に応じて判断する

　金融機関からの融資に関連して発生する手数料には，さまざまな種類のものがあります。

　法人税法上は，繰延資産か前払費用か，請求に応じて損金算入すべきものかが論点となります。消費税法上は，課税対象外か課税仕入か，課税仕入になるものはいつの課税仕入とすべきかが論点となります。主な手数料は以下のとおりですが，これ以外の手数料が発生した場合であっても，税務上の取扱いは各手数料の性質に応じて適正に判断する必要があります。

① 　シンジケートローンに関する手数料

　　大規模な資金調達ニーズに対してシンジケートローン（協調融資）が組成されることがあります。シンジケートローンは，複数の金融機関が協調してシンジケート団を組成し，一つの融資契約書に基づき同一条件で融資を行う仕組みをいいます。取りまとめ役の金融機関（アレンジャー）が，資金のニーズのある会社側と調整して利率や期間などを設定します。

[シンジケートローンに関する手数料]

| 区　　分 | 手数料の内容 | 法人税法上の処理 | 消費税法上の処理 |
|---|---|---|---|
| アレンジメントフィー | アレンジャーに対する案件組成に対する手数料 | 支払時に一括損金 | 支払時の課税仕入 |
| エージェントフィー | 借入期間にわたる事務管理手数料 | 期間按分（前払費用） | 費用処理時の課税仕入 |

② 　コミットメントラインに関する手数料

　　コミットメントラインとは銀行が企業に対して定めた融資枠のことをいいます。銀行と企業があらかじめ融資の上限枠を協議し，この融資の枠内でなら，一定期間いつでも審査なしで銀行が企業に資金を提供することを保証する制度です。

[コミットメントラインに関する手数料]

| 区　　分 | 手数料の内容 | 法人税法上の処理 | 消費税法上の処理 |
|---|---|---|---|
| ファシリティーフィー | 貸付極度額全体に対する手数料<br>（貸付極度額×料率×契約期間） | 期間按分 | 不課税 |
| コミットメントフィー | 未使用貸付極度額全体に対する手数料<br>（未使用貸付極度額×料率×計算期間） | 発生に応じて損金 | 不課税 |

※通常は，ファシリティーフィーかコミットメントフィーのいずれかを支払う。

関連科目➡　前払費用　支払手数料・支払報酬

# 21 未払消費税等

**質問33** 申告書作成の基礎となった消費税集計表を見せてください。また，課税仕入の用途区分は，個々の課税仕入ごとに行っていますか？

**調査官が知りたいこと**

1. 消費税申告書は根拠資料に基づき作成されているか？
2. 個々の課税仕入ごとに用途区分を行っているか？　部門または勘定科目ごとか？

**対応と対策**

## 1．申告書作成の基礎とした資料は整然と整理しておく

　現在一般的に使用されている記帳のための会計ソフトであれば，仕様の違いはあれ，通常は何らかの形式の「消費税集計表」の出力が可能であるはずです。会社によっては，この消費税集計表のみで申告書を作成しているケースもありますが，会社規模が大きくなれば取引も多種多様となり複雑な取引も増えることから，消費税集計表に何らかの修正を加えて申告書を作成するのが一般的といえます。

　この修正は，申告書を「作成した時・作成をした人」であればその内容は理解しているはずですが，時の経過とともに修正をした理由・根拠の記憶は薄れ，ましてや作成をした人以外の者がそれを理解していることは稀でしょう。したがって，システムから出力した資料とともに，修正を加えた「項目」「金額」「理由」を明らかにする資料の保管も大切となります。

　事業者にとっての仮受消費税は「預り金」であり，また，消費税に関する不正還付事件は後を絶たないことから，課税当局としても消費税に関する調査には力を入れているところです。軽減税率の導入，インボイス制度の導入などを

踏まえ，消費税に関する税務調査の重要性は益々高まっています。

## 2．用途区分に関する方針を明確に持ち，部門または勘定科目ごとの用途区分を採用するならば，それらが課税売上対応であることの論拠を明確に示す

　その課税期間の課税売上高が5億円超の場合や，課税売上割合が95％未満の場合は，仕入控除税額の計算時に個別対応方式か一括比例配分方式のいずれかの方法で計算することとされています。いずれの方法を採用するかは事業者の任意ですが，個別対応方式を採用する場合には，原則として個々の課税仕入れ等のすべてについて，課税売上対応分・非課税売上対応分・共通対応分の3つに用途区分しなければなりません。

　用途区分の考え方については，国税庁から公表されたQ＆Aにおいて以下のような解釈が示されています。

---

　事業部門ごとに業務内容が明確に区分されており，当該事業部門が課税資産の譲渡等のみを行う事業部門である場合には，その事業部門で行う課税仕入れ等について，個々の課税仕入れ等ごとに用途区分した結果と，事業部門ごとに用途区分した結果は同じになると考えられますので，このような場合には，事業部門ごとでの用途区分が認められます。

　しかし，その事業部門で行う業務内容が事業年度の中途で変更されるなど，事業部門ごとでの用途区分の判定が，個々の課税仕入れ等について用途区分を行った結果と異なることとなる場合には，その用途区分は誤っているということになりますので，注意が必要です。

　なお，上記のような考え方は，勘定科目ごとに用途区分を行う場合も同様です。

---

（出典：「95％ルール」の適用要件の見直しを踏まえた仕入控除税額の計算方法等に関するQ＆A(I)【基本的な考え方編】Q14）

　つまり，個々の課税仕入れ等ごとに用途区分した結果と同じ結果になる場合に限り，事業部門ごとまたは勘定科目ごとの用途区分を認めるということです。課税商品のみの販売を行う法人で販売促進費勘定に計上された課税仕入れや，

課税商品のみの販売を行う事業部門で生じた課税仕入れは，基本的に課税売上対応分として問題ないでしょう。

　個別対応方式を採用した場合，税務調査では，採用している用途区分の方法（個々の課税仕入れごとか，部門ごとか，勘定科目ごとか）が必ず確認されます。用途区分に関する自社の方針を明確に持ち，部門または勘定科目ごとの用途区分を採用するならば，それらが課税売上対応であることの論拠を明確に示す必要があります。合わせて，それらに含まれる課税仕入れ等の実際の用途が問われた場合には，各種帳簿書類に基づいて説明できるような準備が必要です。事業部門ごとおよび勘定科目ごとに用途区分を集計した明細表は，自社の用途区分方針を示す資料として有効です。

　部門または勘定科目ごとの用途区分は，適正な経理処理があってはじめて成立します。用途区分に伴う事務負担を最小限に抑える観点からも，税務調査における否認を回避する観点からも，税務調査を見据えた経理規程・勘定科目処理規程を整備し，その上で運用の体制を構築し，それに基づいた適正な経理処理を行うことが何よりも重要といえます。

## 消費税調査の重要性

元審判官
による
コーチング

消費税の税務調査は，通常，所得税や法人税と同時に行われますが，所得に関係なく追徴税額が発生し，また，海外取引に関連する不正還付なども多く，課税庁としては非常に力を入れています。最近では特に，還付申告の場合の「消費税の還付申告に関する明細書」の確認とそれに伴う契約書などの関連資料のチェック（行政指導としての「お尋ね」文書の送付がされる）も厳しくなっています。

# 22　前受金・仮受金

質問34　保険金の入金があったようですね。仮受金で処理されていますが，保険証券と保険金支払通知書を見せてください。

**調査官が知りたいこと**

1．仮受金の内容管理はできているか？

2．保険金支払確定日はいつか？

## 対応と対策

### 1．「とりあえず」計上は厳禁

　仮勘定には操作可能性が潜んでいると調査官は考えます。仮受金の中に長期滞留しているものはないか，その原因は何か，益金算入すべきものではないかという視点から調査を行います。

　会社側としては，仮受金のチェック体制や管理体制を説明し，内容や残高を常時把握できていること，操作可能性は存在しないことを明確に示すことが重要です。内容が不明なものをとりあえず仮勘定に計上するのは禁物です。その裏に租税回避行為が隠されているのではないかと疑念を抱かれるきっかけになります。適正な時期に，適正な収益科目に振り替えましょう。

### 2．保険金は支払確定日に益金算入する

　保険金は支払いが確定したときに益金に算入します。その保険金を原資とする支出が予定されていても，保険金の益金算入時期は支払確定日となることに変わりはありません。会計上で仮受金処理している場合は，法人税別表で加算調整する必要があります。

損害保険に加入している資産について保険事故が発生し，保険金が入金されたものの資産の修繕が完了していないケース，役員退職金の原資にするために役員保険を解約したケースなど，保険金を原資とする支出目的が明確であるほど，保険金を仮受金計上して益金算入時期を誤る傾向があります。

　保険金が仮受金に計上されていると，調査官は必ず内容を確認します。役員保険の解約時期は法人が任意に決定できますから，退職金発生事業年度と保険金確定事業年度が一致するように解約するなどの工夫が必要です。

> **質問35**　現在発行している商品券の利用規約と，残高管理一覧表を見せてください。

**調査官が知りたいこと**

1．商品券を発行事業年度ごとに区分しているか？　前受金計上額のうち，商品券の有効期限が経過しているものはないか？　発行から10年経過しているものはないか？

**対応と対策**

**1．商品券の発行管理に関する社内規程を策定して，残高管理体制を整備する**

　自社で商品券を発行した場合，その商品券を発行事業年度ごとに区分管理していることを前提に，発行時は発行対価を前受金で処理し，商品券が実際に使用されたときに益金算入することとされています。

　ただし，未使用分についても，次に掲げる場合にはそれぞれに掲げる事業年度において益金算入します。

| 区分 | | 益金に算入する事業年度 |
|---|---|---|
| 商品券の発行から10年が経過した日（以下，「10年経過日」といいます。）の属する事業年度終了の時に使用されていない商品券 | | 10年経過日の属する事業年度 |
| 10年経過日より前に右の事実が生じた場合 | 商品券を発行事業年度ごとに区分して管理しなくなったこと | その事実が生じた日の属する事業年度 |
| | 商品券の有効期限が到来したこと | |
| | 法人が，商品券の発行日から一定年数が経過した場合に継続して一括収益計上することとしていること，その他法人が継続して一括収益計上することとしている基準に達したこと | |

　そもそも商品券を発行事業年度ごとに区分管理していない場合には，発行対価を発行事業年度において一括益金算入することになります。したがって，商品券の発行対価を前受金処理している場合には，税務調査において，商品券の発行時期と有効期限，および残高の管理状況について確認がなされます。管理体制を整備しておく必要があるでしょう。

**関連科目➡**　売上高

元審判官によるコーチング

## 「収益認識に関する会計基準」と公正処理基準

商品券に係るかつての税務処理は，発行時に全額益金計上することが原則でしたが，「収益認識に関する会計基準」（企業会計基準委員会 企業会計基準第29号）の導入により大きく変わりました。この取扱いの変更は，当該基準が，法人税法における「一般に公正妥当と認められる会計処理の基準」（公正処理基準）に該当するからです。しかし，必ずしも「会計基準＝公正処理基準」ではありません。

# |23 預り保証金・預り敷金

> **質問36** 所有している建物を賃貸されていますね。賃貸借契約書を見せてください。

**調査官が知りたいこと**

1. 預り保証金勘定の中に，返還を要しない部分の金額は含まれていないか？　権利金や礼金が含まれていないか？

**対応と対策**

## 1. 賃貸借契約書で返還を要しない部分の金額を必ず確認する

不動産の賃貸借に際して差し入れる保証金や敷金は，賃借人側では差入保証金（敷金）として資産計上しますが，賃貸人側では預り保証金（預り敷金）として負債計上を行います。

賃貸借契約上，退去時に保証金を全額返還しないことが定められている場合，返還を要しない部分の金額は，賃貸人側で入金時に一括して収益計上する必要があります。税務調査で指摘されやすいケースは以下のとおりです。

① 返還を要しない部分の金額も負債計上されている。

② 賃貸借期間に応じて収益計上を行っている。

③ 一括収益計上しているが消費税抜き処理を行っていない（居住用以外）。

④ そもそも返還を要しない権利金や礼金が，預り保証金と混同されて負債計上されている。

調査官は，収益計上すべき事業年度に収益計上されているかどうかの確認を行います。当然のことですが，賃貸借契約書は締結時に内容を確認することが重要です。

## 課税当局に対する税務相談

元審判官
による
コーチング

課税当局（税務署）に対する税務相談は，過去の争訟事例によれば，
「行政サービス」であり「一応の判断を示すもの」に過ぎず「最終
的な判断は納税者の責任において判断すべきもの」と明確に示され
ています。納税者としては「相談したのだから大丈夫」と期待し，
「だって，相談しましたよね」と反論しても，正式な文書回答手続
等以外，その回答は何の保険にもならないということです。

# 24 賞与引当金・退職給付引当金

> **質問37** 引当金の計上根拠資料と計上時の会計伝票を見せてください。

### 調査官が知りたいこと

1. 債務未確定額が全額加算調整されているか？
2. 出向負担金受入額は，収入した事業年度の益金に算入されているか？
3. 未払役員賞与は，支払時に損金算入されていないか？

### 対応と対策

#### 1. 債務未確定のものは全額加算する

引当金は，将来の特定の費用または損失であって，その発生が当期以前の事象に起因し，発生の可能性が高く，その金額を合理的に見積もることができる場合に計上されます。「将来の費用または損失」であることから，税務上は別段の定めのあるものを除き未確定債務として損金の額に算入されません。

退職給付引当金や賞与引当金の額は，企業会計上は，従業員に対する労働の対価として勤務の事実に応じて引当金として費用計上を行いますが，税務上は未確定債務として全額否認されます。未払賞与のうち税務上の損金算入要件を満たさないものや，これらの金額と同時に計上した未払法定福利費も，同様に全額加算調整されます。

なお，退職給付引当金については，退職の事実により退職給与規程に基づいて退職金の金額が確定することから，退職時が債務確定時期であり損金算入時期となります。3月決算の会社において，退職日が3月31日，退職金支給日が翌期4月であった場合，決算において退職金相当額を退職給付引当金から未払金に振替処理を行い，損金算入することになります。

## 2．出向契約締結前に，出向元法人・出向先法人の課税関係を検討する

　自社の従業員を他社に出向させた場合，通常は出向契約書を締結して，出向元法人と出向先法人との間で出向負担金の授受を行います。出向契約書には，出向負担金の内容と金額，「毎月25日に当月分を支払う」といった支払方法を定めるのが一般的です。

　出向先法人側では，出向契約により「当月分を当月25日に支払う」という債務が確定します。したがって，その負担金が出向元法人において賞与や退職金に充当するためのものであっても，支払時の損金となります。

　一方，出向元法人側では，出向契約により「当月分を当月25日に受け取る」という権利が確定しますので，受領した金額は受領時の益金となります。出向元法人では，賞与引当金や退職給付引当金として繰り入れた金額の損金性は否認され，出向先法人から受領した金額は受領時の益金となるため，益金計上が先行することに注意が必要です。

　税務調査では，出向契約の内容により益金算入が漏れていないか確認がなされます。益金算入の先行を回避するには，出向契約上で，負担金支払時期を賞与や退職金の支払時期と合わせるなどの工夫が必要です。なおその場合は，出向者が出向先法人において役員である場合，賞与に係る負担金が出向先法人で損金算入できるかどうかの検討も必要です。いずれにしても，出向契約の締結前に，出向元法人と出向先法人双方の課税関係に関する検討が重要です。


## 3．単純な項目こそ調整ミスに注意する

　役員賞与は，会計上は期間費用として期末に未払計上されます。税務上は債務未確定として法人税別表上加算留保されます。ここまでの処理に誤りが発生することはほとんどありませんが，翌期の法人税申告書作成上，前年に加算留保された金額について減算留保処理のみ行い，別途加算流出処理を行うことを失念するケースが散見されます。役員賞与は要件を満たさない限り税務上の損金には算入されません。単純な処理ですが誤りが多発しやすい項目です。

　役員賞与に関する税務処理が適正に行われているかどうかは，決算書・法人

税申告書・届出書等の既に提出されている書類から容易に判断できます。申告書上に明らかな誤りがあり，その金額が大きい場合は，税務調査対象法人として選定される充分な動機づけになるでしょう。

単純な項目こそ税務調整ミスが目立つことを忘れてはいけません。

関連科目➡ 役員給与　従業員給与・賞与　（役員）退職金

質問38　退職金制度は何を採用していますか？　退職金制度を廃止したり他制度へ移行したことはありませんか？

調査官が知りたいこと
1．退職金制度は何を採用しているか？
2．退職金制度を廃止または他の制度に移行した場合の一時金で，退職所得としているものはないか？

対応と対策

1．採用している退職金制度により，掛金の税務処理を適正に行う

法人が外部に拠出する掛金等の損金算入時期は，採用している退職金制度により異なります。

確定給付企業年金または確定拠出企業年金の掛金は，現実に払い込みをした日の属する事業年度の損金とされます。期末に未払計上したものは損金の額に算入されません。一方で厚生年金基金の掛金は，３月分の掛金であれば未払いであっても３月の損金とされます。

調査官は，採用している退職金制度により税務調整の適否を確認します。難解な項目ではありませんが，別表加算漏れが生じやすい項目のため注意が必要です。年金制度の変更時には，特にその処理の変更に留意しましょう。

## 2．引き続き勤務する者に対する一時金を退職所得とした場合は，その根拠を明確に示す

退職所得とは，退職を基因とする一切の給与をいい，退職後の生活資金としての所得であることを鑑み，給与所得よりも所得税が軽減されています。

原則として，引き続き勤務する者に対して支給する一時金は「退職を基因とする支給」には当たらないため，給与所得に該当します。

ただし，退職に準ずる事実が生じていると認められる場合や，相当の理由がある場合に打切支給される退職金などに限り，在職者に対する一時金であっても退職所得として取り扱うことができる場合があります。

在職者に対する一時金を退職金として取り扱うことの是非に関して，税務調査で論点になりやすいのは以下のケースです。

① 役員の分掌変更に伴う一時金

常勤役員が非常勤役員になったこと，分掌変更後の役員報酬が分掌変更前に比して概ね50％以上減少したことなど，職務内容や役員としての地位が激変した者に対し，分掌変更前の期間を対象として支払われる一時金は，退職所得として取り扱われます。

あくまでも退職に準ずる事実が生じていることが要件ですから，分掌変更後も実質的にその法人の経営上の重要な地位を占めていると認められる場合には，税務調査において，会社側で退職の事実があると判断した根拠が問われることになるでしょう。特にオーナー企業に対する税務調査では，経営者としての実質的な役割には何ら変化がないにもかかわらず，社長を退任して会長に就任するとか，会長を退いて顧問になるなど，外観のみが操作されているのではないかという疑念が抱かれます。分掌変更前後の業務従事実態が激変した事実を明確に示す必要があります。

② 退職金制度の廃止または移行に伴う一時金

企業内退職金制度の廃止または他の制度への移行に伴い，廃止または移行前の勤続期間に係る一時金が打切支給されることがあります。その一時金が退職所得として認められるのは，精算せざるを得ない事情による打切支給で

ある場合や，支給を受ける従業員側に選択の余地がない場合などの，特殊事情がある場合に限られます。所得税基本通達や国税庁が公表している質疑応答事例には以下のような判断例が掲載されています。

[企業内退職金制度を廃止した場合の打切支給]

| 所得区分 | 打切支給の要因 | 備考 |
|---|---|---|
| ○ | 企業の経営状態が悪化して回復が見込まれないなど，やむを得ない事情による打切支給 | 企業において退職金資産を管理・運用できる状況になく，将来の退職金債務がその企業の存続問題にも影響しかねない状況にある場合 |
| × | 退職給付債務の圧縮のみを目的とする打切支給 | |
| × | いわゆる退職金前払制度へ移行するための打切支給 | |
| ○ | 全従業員について中小企業退職金共済制度または確定拠出年金制度へ移行する際の，全従業員に対して行う打切支給 | 従業員が実際に退職するときの退職金の計算上，この打切支給時の支給額の計算基礎となった勤続期間を一切加味しない条件のもとに支給されるもの |
| × | 全従業員について中小企業退職金共済制度または確定拠出年金制度へ移行する際に，打切支給を受けるか選択させたことによる一時金 | |
| × | 個人型確定拠出年金制度に，たまたま従業員全員が加入することとなったことを契機とする打切支給 | |

○＝退職所得　×＝給与所得

　給与や退職金に係る源泉徴収義務は会社側に課せられていますから，会社側が退職所得と判断したものが税務調査で給与所得と認定されると，源泉所得税等の追加納付が生じることになります。退職金と認めるに足る事実関係の説明が何より重要です。

③　執行役員への昇格，執行役員の退任に伴う一時金

　　執行役員制度とは，取締役会が行う「業務執行の意思決定」と「職務執行の監督」のもと，「業務の執行」を執行役員が担うというものです。しかし，法令上にその設置の根拠がなく任意の制度であることから，執行役員の位置付けは，「役員に準じたもの」とされているケースや「使用人の最上級職である」とされるケースなどまちまちとなっています。

　　そこで，「使用人から執行役員への昇格時」あるいは「執行役員から取締役への就任時」に退職手当等として一時金を支給した場合，その一時金が退職金に該当するのか否かについて疑問が生ずるところです。この点については，導入している執行役員制度が，使用人との雇用契約の延長線上にあるもの（雇用契約型）なのか，あるいはそれとは異なり，契約関係・再雇用に係る取扱い・適用される各種規程などが取締役に類似するものなのかにより，その適用関係が異なってきます。

　　所得税基本通達ではこの点に関する取扱いが示されていますので，具体的に個々のケースに当てはめて慎重に検討を行う必要がありますが，重要なのは，自社が導入している執行役員制度の理解であることはいうまでもありません。

**関連科目➡**　　役員給与　従業員給与・賞与　（役員）退職金

## 退職時に支払われたからといって退職所得ではない

**元審判官によるコーチング**

裁判例によれば，退職所得とは，「退職すなわち勤務関係の終了という事実によって初めて給付される」ものとされています。これは，支払のタイミングのことを意味しているわけではなく，支払原因との牽連性の問題だということです。賞与として支払うべきものをプールしておいて，それを退職時にまとめて支払ったとしても，それは退職所得には該当しないということになります。

# 25 資本金

質問39　株主名簿に記載されている甲さんは，社長とどのような関係ですか？　また，甲さんが貴社の株式を所有することとなった経緯を教えてください。

**調査官が知りたいこと**

1. 同族会社判定は正しいか？
2. 株主異動に伴う会社法手続きおよび税務申告は適正に行われているか？
3. 名義株主はいないか？

## 対応と対策

### 1. 同族会社は，同族関係者間のすべての取引について経済合理性の説明ができるようにする

　同族会社であるか否かは，調査官の税務調査着手時における税務調査方針を決定づける重要な要素の一つです。

　同族会社とは，上位3株主の持株比率合計が50％を超える会社をいいます。同族会社でない会社は，通常は株主や経営陣相互の牽制が効くと考えられるため，会社の行為には一定の経済合理性があると解釈されます。これに対して同族会社の場合には，特定の株主の意向により，税金を減らすだけの目的のために経済合理性のない行為が行われる可能性も否めず，また，それが実行可能であると考えられています。このため法人税法上は，租税回避防止の観点から，同族会社に対する特別な規制を設けています。

　税務調査では，同族関係者間の取引は，恣意的な操作が可能であるか否かという観点から重点的に調査が行われます。同族会社の場合には，同族関係者間

のすべての取引について経済合理性の説明ができるようにしておく必要があるのです。

## 2．株主異動に伴う会社法上および税務上の手続きを適正に行う

　グループ法人税制では，完全支配関係（100％の資本関係）がある法人に対する資産の譲渡損益は，原則として繰り延べ処理されます。その関係で，税務調査においては，株主構成や株主の異動状況の確認は必ず行われます。100％の持株関係を意図的に操作することにより，グループ法人税制の適用を回避することが想定されるからです。

　株主の異動は登記事項ではないため，譲渡承認申請や譲渡を承認する取締役会決議，株主名簿の名義書換請求，株主名簿の書換えなど，会社法上の手続きを適正に行うことが，株主が異動した事実の立証になります。さらに，譲渡の場合には譲渡契約書の作成・資金決済・確定申告書の提出，贈与の場合には贈与契約書の作成・贈与税申告書の提出など，税務上必要な手続きを漏れなく行い，株主異動の事実に寸分の疑いもないようにすることが重要です。

## 3．名義株主認定を回避するためには，議決権の行使や配当受領の事実を示す

　同族会社の判定および完全支配関係の判定は，原則として株主名簿等に記載されている株主構成に基づいて判定されますが，その株主が単なる名義人であって実質権利者が他にいる場合には，その実質権利者を株主として判定することとされています。本当は同族会社であるにもかかわらず，判定の基礎となる株主の所有株式を，架空の者または単なる名義人に分割するなどの方法により非同族会社として申告する行為は，仮装隠ぺいに該当します。

　株主が単なる名義株主であると認定されると，同族会社判定が覆ったり，その他の課税関係にも大きな影響を及ぼしかねません。名義株主ではないかという疑念を抱かれないためには，株主異動に伴う会社法上の手続きを瑕疵なく行うことと，税務上の手続きを適正に行うことに注意し，株主総会における議決権の行使や配当受領の事実を明確に示す必要があります。

**調査官が知りたいこと**

1. 減資の効力発生日はいつか？ 中小企業の優遇措置の適用は受けられるか？


### 対応と対策

#### 1. 増資・減資は会社法手続きに従い，効力発生後速やかに登記を行う

　資本金や資本金等の額は法人税務の基本です。日本経済を支える中小企業に対しては，従来から税制上のさまざまな優遇措置が講じられています。中小企業であるかどうかは資本金の額で判定され，資本金1億円以下で適用可能となる制度と，資本金3,000万円以下で適用可能となる制度があります。なお，正確には，税制上の優遇措置の適用対象となる資本金1億円以下の法人には，「中小法人」と「中小企業者」という2つの異なる定義があり，適用する優遇措置に応じてこれを判定する必要があります。したがって，予め自社の定義判定を確認しておくとよいでしょう。

　資本金の額は増資や減資により変動します。税務上の優遇措置の適用可否は，取引実行日の資本金の額で判定するものと，事業年度末の資本金の額で判定するものがあります。会社法上，増資や減資には効力発生日が定められていますので，これに基づいて資本金が異動した日が判断されます。

　増資や減資を行った場合には，会社法上，効力発生日から2週間以内の変更登記が要請されています。税務上の課税関係を明確にする観点からも，増資や減資の手続きは会社法に定められた手続きに則って適正に行い，効力発生後速やかに登記を行うことが重要です。

　なお，自社の資本金が1億円以下であっても，資本金が5億円以上の法人に発行済株式等の全部を直接または間接に保有されている法人は，中小企業に対する優遇措置が適用されません。したがって，自社が他の法人の100％子会社（間接保有も含む）に該当する場合には，自社の資本金だけでなく，親会社の資本金の異動状況に注意を払う必要があります。反対に，自社が100％親会社に該当する場合には，自社の資本金の異動がグループ全体の課税関係に与える影響を事前に検討することと，自社の資本金が異動した場合はその事実を速やかに子会社側へ伝達することが重要です。

## 信用出資と「出資の金額」

**元審判官によるコーチング**

信用出資とは，合名会社の社員および合資会社の無限責任社員に認められている出資の形態で，これが消費税における納税義務の判定に係る「出資の金額」に該当するとされた事例（平成29年6月15日公表裁決）があります。条文上，「出資の金額」から信用出資を除くとはされていないためですが，金銭の払込みがなくても出資として取り扱われることになります。

**質問41**　第三者割当増資時の発行価額はどのように決定されましたか？

**調査官が知りたいこと**

　1．株式の発行は時価によっているか？

**対応と対策**

## 1．発行価額の根拠と評価方法の妥当性を明確に示す

　新株の発行は資本取引ですが，有利発行に該当する場合には，発行を受けた

[有利発行時の課税関係]

|  | 株主に対する課税 | 発行法人に対する課税 |
|---|---|---|
| 個人株主 | ● 時価と払込金額との差額に対し，一時所得・給与所得・退職所得課税<br>※ 同族会社である場合は，既存株主から，その株主の親族である募集株式を引き受けた者に対し，時価と払込金額との差額相当額の贈与があったものとされる（給与所得・退職所得とされる場合を除く） | ● 資本取引として課税なし |
| 法人株主 | ● 時価と払込金額との差額は受贈益 | ● 資本取引として課税なし |

※「時価」とは増資後の時価を指す。

株主に対して上の表のような課税関係が生じる可能性があります。自己株式を処分する場合も同様です。

　有利発行に該当するか否かは，株式の価額と払込金額との差額が，株式の価額の概ね10％以上であるかどうかにより判定します。会社法上の有利発行の手続きがとられている場合にも，合理的な反証がない限りは，税務上も有利発行と取り扱われるでしょう。

　非上場株式には，確立された評価方法が存在するわけではありません。法人税基本通達に一定の評価方法が示されてはいるものの，その法人の株価評価上考慮すべき特殊事情があるならば，それを反映できる他の合理的な方法によることが適当なケースもあります。

　税務調査において重要なのは，株価算定書等に基づく発行価額の根拠と，その算定方法の妥当性を明確に示すことです。前回の増資から相当期間が経過していない場合や，直前に自己の株式の売買が行われている場合に，これらの取引価額と今回の発行価額とに差があるときは，事業計画の変更や経済状況の変化など，差額要因を数値として明確に示すことです。これらが明確で合理的であるほど，調査官がその価額を否認することは難しくなるのです。

# 26　資本剰余金・利益剰余金

> **質問42**　配当決議時の株主総会議事録を見せてください。

**調査官が知りたいこと**

1. 配当の原資は利益剰余金か，資本剰余金か？
2. 源泉所得税等は適正に納付されているか？
3. 配当は現金か現物資産か？

**対応と対策**

## 1. 配当原資は機関決定により明確にする

　資本金等の額と利益積立金の額は，法人税務の基本です。資本金等の額とは，原則として株主から出資を受けた金額であり，利益積立金の額とは，原則として法人の所得金額のうち留保しているものの累積額です。これらの性質は全く異なるものであることから，厳格に区別される必要があります。

　会社が配当を行う場合，配当原資を利益剰余金とするかその他資本剰余金とするかは，取締役会等の決議によって任意に決定できます。税務上は，利益剰余金からの配当は利益積立金の減少要因になりますが，その他資本剰余金から配当を行った場合には，一定の計算により，資本金等の額と利益積立金の両方が減少することになります。配当原資は，株主総会や取締役会などの機関決定により明確にする必要があります。

## 2. その他資本剰余金を原資とする配当の場合は，みなし配当計算を適正に行う

　利益剰余金から配当した場合は，配当全額について支払時に源泉徴収を行う必要があります。一方，その他資本剰余金から配当した場合は，利益積立金減少部分がみなし配当とされ，その部分のみが源泉徴収の対象となります。

配当原資をその他資本剰余金とした場合に，全額を資本金等の額の減少として処理するとの誤認識から，みなし配当計算や源泉徴収を失念し，税務調査で指摘を受けるケースが散見されます。なお，みなし配当計算は，配当支払側の税務処理のみならず，配当受領側の税務処理にも影響を及ぼします。

### 3．現物配当は会社法上の瑕疵がないように注意する

　会社法上は，一定の手続きを踏むことにより，金銭以外の資産による現物配当が認められています。現物配当を行った場合，税務上は原則として交付した資産を時価で移転したものと取り扱われます。したがって，配当支払法人においては，移転に伴う時価と簿価の差額の損益計上と時価に基づく源泉徴収，配当受領法人では時価による受取配当の計上が原則です。

　この例外として，グループ法人税制では，完全支配関係法人に対する現物配当を「適格現物分配」と定義して，現物配当資産を帳簿価額で移転することとし，源泉徴収の対象からも除外しています。

　ただし，この適格現物分配に該当するためには，あくまでも会社法上の現物配当であることが前提です。現物配当は会社法上の行為ですから，株主総会または取締役会の決議は当然に必要です。会社法上の財源規制に抵触する配当や株主平等の原則に反する配当は，剰余金の配当という会社法上の行為が有効に成立しているか否かの議論に発展する可能性も否定できません。現物配当により簿価で資産を移転する場合には，配当するための会社法手続きに一切の瑕疵がないように注意する必要があります。

## 利益配当と借用概念

元審判官によるコーチング

「配当を行う」と何気なく使っていますが,配当とは何でしょうか？法人税法にはその定義はないことから，利益配当は借用概念であるとされています。借用概念とは，他の法分野において明確な意味内容を与えられている概念のこととされ，例えば，相続，不動産，配偶者，親族，住所，貸付金の利子などが過去の裁判で争われています。これを理解せずに条文の解釈はできません。

# 27　自己株式

> **質問43**　自己株式を取得するに至った経緯を教えてください。また，取得の決議を行った株主総会等の議事録や取得前後の株主名簿を見せてください。

**調査官が知りたいこと**

1．自己株式の取得は会社法手続きに沿っているか？
2．同族会社の判定は正しいか？

**対応と対策**

**1．自己株式の取得手続きは会社法に沿って適正に行い，取得理由を明確にする**

　現行会社法上，自己株式の取得は原則自由とされています。ただし，資本維持，株主平等の見地から，財源規制や手続き規制が設けられています。

　オーナー会社の場合，自己株式取得のための会社法手続きを適正に踏んでいないケースが散見されます。税務調査では，自己株式取得の事実があったのかどうかを，会社法手続きに則って取得しているかにより判断します。株主総会による機関決議や，他の株主に対する売主追加請求権行使に係る通知，株主名簿の書換え等しかるべき書類を作成して，取引の実在性を立証できるようにしておく必要があります。

　上場会社では，資本効率の改善や株主利益の向上を目的として自己株式の取得が行われていますが，オーナー会社が自己株式を取得する場合には，税務調査で取得理由について必ず確認されると考えたほうがよいでしょう。譲渡する側の損失計上のみが目的であると認められた場合には，「同族会社の行為計算の否認」規定の対象にもなり得るため，注意が必要です。

## 2. 自己株式取得後の同族会社判定に注意する

　自己株式取得に伴い議決権比率に異動が生じます。議決権比率の異動は同族会社判定に影響するため，注意が必要です。

---

**質問44**　自己株式は1株当たりいくらで取得しましたか？　また，取得時の価額算定根拠を教えてください。

**調査官が知りたいこと**

1. 自己株式取得時の価額は適正か？
2. 自己株式取得後の資本金等の額・利益積立金額は適正か？ みなし配当に係る源泉徴収は適正に行われているか？

---

**対応と対策**

### 1. 自己株式取得時の取引価額の根拠と評価方法の妥当性を明確に示す

　自己株式取得時は，適正な時価により買い取る必要があります。自己株式取得時の取引価額が適正でないと，株主側において認定課税がなされる可能性があります。例えば法人株主から自己株式を時価よりも低額で取得した場合は，その法人株主に寄附金課税が生じることになります。

　このような課税関係は，「通常の取引価額」以外の価額で取引を行った場合に生じます。非上場株式には，確立された評価方法が存在するわけではありません。所得税基本通達および法人税基本通達に一定の評価方法が示されてはいるものの，その法人の株価評価上考慮すべき特殊事情があるならば，それを反映できる他の合理的な方法によることが適当なケースもあります。

　税務調査において重要なのは，株価算定書等に基づく取引価額の根拠と，その算定方法の妥当性を明確に示すことです。前回の増資から相当期間が経過していない場合や，直前に自己の株式の売買が行われている場合に，これらの取引価額と今回の取引価額とに差があるときは，事業計画の変更や経済状況の変

化など，差額要因を数値として明確に示すことです。これらが明確で合理的で
あるほど，調査官がその価額を否認することは難しくなるのです。


## 2．資本金等の額と利益積立金の減算額の計算を適正に行う

　自己株式を取得した場合の会計処理は，交付金銭等の額を株主資本から控除
する形式で貸借対照表に表示します。一方税務上は，取得対価を資本の払戻し
部分とそれ以外の部分に区分した上で，資本の払戻し部分は資本金等の額から
減算し，それ以外の部分は利益積立金から減算します。

　このように自己株式の取得は，会計処理と税務処理とが全く異なることや，
頻繁に行われる取引ではないために，税務調整の誤りが頻発しやすい項目です。
利益積立金を減算した部分はみなし配当となり，自己株式の取得者側に源泉徴
収義務が課せられています。みなし配当計算は，自己株式取得法人側の税務処
理のみならず，譲渡した株主側の税務処理にも影響を及ぼします。

　法人税務の基本である資本金等の額と利益積立金の額を適正に管理するため
にも，源泉徴収漏れを回避するためにも，税務処理の正しい理解が重要です。

## みなし配当と固有概念

元審判官
による
コーチング

固有概念とは，他の法分野において用いられず，租税法が独自に用
いる概念のことであり，「所得」などがこれに該当するとされてい
ます。借用概念とは対義語の関係になり，各個別税法に定義される
ことが多いですが，定義規定が置かれていない場合にこれをどう解
するべきかが問題となります。みなし配当については，法人税法第
24条（配当等の額とみなす金額）に規定があります。

第**Ⅲ**部

# 調査官の質問と対応・対策
## 〈損益計算書編〉

# ⎵1 売上高

> 質問45　×年3月期（調査対象期）の翌期である×年4月，5月の売上
> 請求一覧を見せてください。

**調査官が知りたいこと**

1. 売上計上基準の確認，変更の有無は？
2. 締め後売上，期ずれ等，×年3月期の売上となるものはないか？

### 対応と対策

**1. 自社の売上計上基準を確認し，計上基準の変更があった場合には，合理的な理由によるものであるかどうかを確認する**

税務上，資産の販売や役務提供を行った場合の収益計上時期は，以下のとおりです。

① 商品，製品等の販売……資産の引渡しがあった日に収益計上

② 役務の提供……履行義務の充足に応じて収益計上

つまり，売上代金を収受した日や請求書を発行した日，契約締結日などではなく，物の引渡しをした日，または役務の提供に係る履行義務の充足に応じて，売上が確定したものとして計上しなければなりません。

さらに，商品，製品等の販売に係る「資産の引渡しがあった日」については，例えば，出荷した日とする「出荷基準」，相手方に着荷した日とする「着荷基準」，相手方において検収された日とする「検収基準」，相手方において使用収益することができることとなった日とする「使用収益基準」，電気，ガス，水道等のメータを検針した日とする「検針日基準」などによります。このうち，いずれの日とするかは，法人の事業の実態等を考慮し，引き渡した日として合

理的と認められる日のうち，法人の選択により決定されることになります。なお，一度選択した計上基準は毎期継続して適用する必要があり，計上基準を変更する場合には，合理的な理由が必要になります。

## 2．計上基準に基づき，期ずれ等，売上計上漏れがないかどうかを確認する

　上記1.に基づき，自社が選択した計上基準により，当期の売上が計上されているかどうかを確認します。特に，引渡日や役務提供完了日と請求書発行日，代金領収日が異なる場合には，事業年度末月の売上であっても，請求書発行や代金領収が翌期になるものがあることから，締め後売上や期ずれによる売上計上漏れが生じやすくなります。

　税務調査においては，調査対象期の翌期開始後1，2ヶ月程度の請求書などを確認することで，調査対象期の売上計上漏れの有無の確認が行われます。

　なお，締め後売上については，法人が事業年度末日以前の概ね10日以内の売上につき，商慣習等により，毎期継続して翌期の売上としているときにはこれを認めるとされています。例えば毎月25日締めで1ヶ月分の売上を請求するような場合には，決算月の26日から月末までの売上については，翌期の売上として計上できることになりますので，この方法により毎期継続している場合には，税務調査で問題になることはないでしょう。

**関連科目➡**　受取手形・売掛金・未収入金

### 従業員が横領した商品の売却による所得の帰属

**元審判官によるコーチング**

法人と従業員のいずれに取引の対価が帰属するかは，①取引の態様と法人の事業内容との関係，②従業員の法人における地位および権限，③取引の相手方の認識，④取引の対価の費消状況等を総合的に考慮し，判断されることになります（令和元年5月16日公表裁決）。横領した商品を勝手に売却したのだから"個人の所得でしょ"とはならないケースもあるということです。

# 2 売上原価

質問46　×年3月期（調査対象期）の原価率は前期，前々期と比較して
10％も増加していますが，原因は何でしょうか？

**調査官が知りたいこと**

1. 売上原価は，当期の売上に対応するものか？
2. 棚卸資産の算定方法は適正か？（評価方法の変更，実地棚卸，評価損の有無など）
3. 過年度の数値との比較により，著しく増減のある項目がある場合のその理由は？

**対応と対策**

## 1. 当期の売上に対応するものであることを明確にしておく

　売上原価は，当期の売上に対応するものだけが計上されていなければなりません。請負や役務提供などの原価計算では，プロジェクト管理を行い，売上との対応関係を明確にしておきましょう。調査官に対し，適正な原価計算をアピールできれば，税務調査も比較的スムーズに進行します。

　プロジェクト管理がきちんとなされていない場合には，売上原価の過大計上があるのではないかと疑われやすくなるでしょう。

## 2. 棚卸資産の算定が正しく行われているか確認する

　売上原価は，「期首棚卸高＋当期仕入高（当期製造原価）－期末棚卸高」で算定され，翌期の売上に対応するものは，期末棚卸資産（商品，製品，仕掛品など）として当期の売上原価から除かれることになります。

　この期末棚卸資産の算定については，税務上，評価方法が定められています

ので，その評価方法に基づいたものであるかどうかの確認が必要です。評価方法については，会計上も定められていますので，特に上場会社，上場準備会社などでは，会計上と税務上で評価方法が一致しているかの確認が必要です。会計上と税務上の評価方法が一致していない場合には，次のいずれかの方法を選択して対応しなければなりません。

① 　税務上の評価方法を会計上と一致させる（届出書の提出が必要です）。

② 　税務上の評価方法により算定した金額と会計上の評価方法により算定した金額との差額につき，別表調整を行う。

## 3．過年度に比し，原価率に大きな変動がある場合には，その原因を確認する

　税務調査がある場合，調査官は事前に財務数値につき3期比較を行い，売上比率や原価率に大きな変動がある項目につき，あらかじめ目を付けてから調査を行います。特に原価率が増加している場合には，売上原価の過大計上を疑ってきますので，増加原因を明確に説明できるようにしておく必要があります。原価率の変動は，事業に大きな影響を与えますので，その要因を把握しておくことは，経営管理の観点からも当然のことでしょう。

---

> **質問47**　製造原価への間接費の配賦はどのように行っていますか？

**調査官が知りたいこと**

1．直接原価だけでなく，間接費の配賦計算および計上も適正に行われているか？

2．販管費のうちに製造原価に含まれる費用はないか？

### 対応と対策

#### 1．間接費の配賦基準を明確にしておく

　材料費や労務費等の直接原価だけでなく，間接費も製造原価に含まれ，棚卸

資産の算定に影響することになります。間接費は，その費用の性質に応じて，適正な配賦基準に基づいていなければなりません。配賦基準としては，面積比，人数比，製造量比，作業量比などが考えられ，どの費用にどの基準を採用するかについては，税務上，明確な定めはありませんが，会社にとって最も合理的な基準を用いる必要があります。

　明確な定めがないからこそ，自社で採用している基準が合理的であることを説明できるようにしておかなければならないでしょう。

## 2．製造原価への振替えが適正に行われているか確認する

　自社で会計ソフト等を利用し，原価計算を行っている場合には，仕訳入力上，いったん一般管理費に全額計上したのち，製造部門に係るものについて，製造原価へ振り替える処理を行っているケースも見受けられます。この場合には，本来，製造原価となるべきものが一般管理費に残っていないかを確認する必要があります。

　当期の売上に係る費用であれば，損益計算書上の表示場所が製造原価であろうと一般管理費であろうと，利益には影響なく，結果として税務調査で問題になることはありません。しかし，適正な原価計算という観点からは，製造原価への振替えが正しく行われていることが望ましいといえます。

関連科目➡　商品・製品・仕掛品

### 帳簿書類の保存と不提示

元審判官による
コーチング

　例えば，帳簿書類の保存は，消費税の仕入税額控除の適用要件とされています。この場合，税務調査における適法な帳簿書類提示の求めに対して，格別な理由もなく応じなかった場合には，たとえ，所定の帳簿書類を保管していたとしても，適時の提示が可能なように保存していなかった場合として，保存しない場合に該当するとされています（最高裁平成16年12月16日判決）。

# 3　役員給与

> **質問48**　役員全員の給与台帳を見せてください。

### 調査官が知りたいこと

1．期中において，役員給与の改定はしているか？

2．改定がある場合の理由は？

3．役員賞与の支給はあるか？

4．特に同族会社で親族が役員となっている場合に，その親族に対し役員給与をいくら支払っているか？

### 対応と対策

## 1．役員給与の改定がある場合には，その改定理由，改定時期等が記載してある議事録，決定書等の書類を作成する

　役員に対して支払う給与は，その支給に利益調整等の恣意的な操作が介入する余地もあることから，定期同額給与，事前確定届出給与，業績連動給与に該当するもの以外のものは，損金の額に算入されません。

　このうち，毎月支給する給与については定期同額給与に該当するかどうかが税務調査のポイントとなります。

　事業年度中の支給額が毎月同額である場合には特に問題ありませんが，期中に改定している場合には合理的な理由が必要になります。税務上，合理的な理由があると認められるケースとして，①定時改定（事業年度開始後3ヶ月以内の改定など），②臨時改定事由による改定，③業績悪化改定事由による改定が定められていますので，これらの事由による改定であるか否かの確認およびその検討を行い，そして，そのことを証する書類を作成・保存しておく必要があります。

## 2. 会社の業績が悪化したことによる減額改定の場合には，その減額改定を含めた経営改善策の策定等，客観的な理由が明らかであることを証する書類を作成する

　会社の業績悪化に伴う役員給与の減額改定を期中に行うこともあると思われますが，この場合には業績悪化改定事由が生じたことによる改定でない限り，定期同額給与に該当しません。なお，一時的な資金繰りの都合や，単に目標の経営数値に届かないことは業績悪化改定事由に該当しません。

　具体的にどのような事情が業績悪化改定事由に該当するかについては，国税庁が公表したQ＆Aにおいて，いくつかの事例が示されています。

---

① 財務諸表の数値が相当程度悪化したことや倒産の危機に瀕したこと
② 株主との関係上，業績や財務状況の悪化についての役員としての経営上の責任から役員給与の額を減額せざるを得ない場合
③ 取引銀行との間で行われる借入金返済のリスケジュールの協議において，役員給与の額を減額せざるを得ない場合
④ 業績や財務状況又は資金繰りが悪化したため，取引先等の利害関係者からの信用を維持・確保する必要性から，経営状況の改善を図るための計画が策定され，これに役員給与の額の減額が盛り込まれた場合
⑤ 売上の大半を占める主要な得意先が1回目の手形の不渡りを出したという客観的な状況があり，得意先の経営状況を踏まえれば数か月後には売上が激減することが避けられない状況であるように，現状では数値的指標が悪化しているとまではいえないものの，役員給与の減額などの経営改善策を講じなければ，客観的な状況から今後著しく悪化することが不可避と認められる場合
⑥ 主力製品に瑕疵があることが判明して，今後，多額の損害賠償金やリコール費用の支出が避けられない場合

---

　客観的な状況により給与の減額の正当性を判断することになるため，例えば上記②において株主と役員が同一者である場合や，経営改善策が第三者との取り決めにより作成されたものではないような場合には，その経営改善策が単なる見込みでないことを証する書類の作成等が必要になります。

　また，役員給与の改定に係る情報が総務や経営企画などの部署から経理（税務）担当に事前に共有されておらず，改定事由該当性の検証が不十分なケースも散見されます。支給がされてからでは間に合いません。改定事由に該当するか否かの事前検討が重要となります。

## 3．役員賞与の支給予定がある場合には，事前確定届出給与の適用を検討する

　役員賞与は，定期同額給与に該当しないため損金算入されませんが，例えば，役員に対し，従業員と同様に夏季または冬季に賞与として支給する金額があらかじめ定められている場合には，その支給金額等を税務署長に届け出ておく（この届出により支給される給与を「事前確定届出給与」といいます。）ことにより，損金に算入することができます。あらかじめ定められている給与については，恣意的な利益調整の側面がないと考えられるからです。

　なお，事前確定届出給与に関する届出には提出期限が定められていますので，期限内の提出を忘れないようにしましょう。

## 4．親族である役員がどのような職務を行っているか明確にしておく

　役員給与はその支給が恣意的になりやすいことから，例えば親族で経営している企業などで，社長の親族が役員となっているものの，実態としては役員としての職務をほとんど行っていないにもかかわらず，多額の役員給与が支払われているケースも見受けられるところです。

　役員としての職務を行っていない場合はもちろん，職務相当以上の役員給与の支給は，当然に損金算入は認められませんので，調査官も目をつけやすいポイントになります。取締役会への参加状況，経営関与等，役員としての職務を行っていることを明確に説明できる必要があります。

　なお，定期同額給与や事前確定届出給与に該当するものであったとしても，職務相当以上に支給された給与は，不相当に高額な部分の金額として損金算入されません。この取扱いは，その役員が親族かどうかは関係ありませんのでご注意ください。

## 減額改定とその後の戻す時期

業績悪化改定事由により役員給与の減額改定を行う際,その後の"戻す時期"まで見越して検討しているでしょうか？　定期同額給与に係る業績悪化改定事由による改定は,減額することだけを定めており,減額前の金額に戻すことまでは規定されていません。したがって,臨時改定事由に該当しない限り,定時改定のタイミングで"増額改定"として取り扱うほかありません。

質問49　取締役であるaさん,bさんに支払っている賞与は,使用人分としての支払いとのことですが,それぞれの役職を教えてください。

### 調査官が知りたいこと

1．使用人としての地位,肩書を有しているか？
2．他の使用人と比較して,支給額は相当であるか？

### 対応と対策

#### 1．使用人として特定の部署に配属し,職制上の地位を与える

　使用人兼務役員に対する賞与のうち,使用人分は損金の額に算入されます。ただし,その者が実態として使用人兼務役員であると認められるかどうかについては,その者が使用人としての地位,肩書を有し,使用人としての職務に従事しているかどうかがポイントになります。

　営業部長,経理部長など,特定の部署に属し,他の純然たる使用人と同様の肩書を有している場合には使用人としての地位を有していることになります。一方で,営業担当,経理担当などの場合には,特定の部署に属しているとはいえず,使用人としての地位を有していることにはなりません。

　使用人兼務役員となる者,ならない者を整理すると,次のようになります。

| 使用人兼務役員になる | 使用人兼務役員にならない |
|---|---|
| 取締役営業部長<br>取締役経理部長<br>取締役工場長　など | 代表取締役<br>専務取締役<br>取締役営業担当・取締役経理担当<br>取締役最高経営責任者（CEO）<br>取締役最高財務責任者（CFO）　など |

　なお，使用人としての職制上の地位にあるか否かの判断は，従事している職務の実態が重要となりますが，形式的には，組織図，組織規程，業務分掌規程，職務権限規程などに基づき，その法人における使用人としての職制上の地位がどのように定められているのかにより判断します。

　実務上悩ましい例としては「○○本部長」という肩書があります。例えば，「取締役管理本部長」「執行役員開発本部長」「（単なる）営業本部長」などが考えられますが，これも上記の実態および形式の両面から判断することになるでしょう。

## 2．比較対象となる他の使用人に対する支給額と異なる場合には，その異なることにつき合理的な理由が必要となる

　使用人兼務役員である者に対して賞与を支給する場合，役員分は損金不算入になることから，本来は役員分であるものを使用人分として支給すれば，全額損金算入になるのではないかと考える方もいるかもしれません。

　しかし，使用人分としての適正額を超える部分の金額は，役員分として支給したものであるとして，損金不算入になります。この場合の使用人分としての適正額は，その者と同じ職制にある他の使用人に対して支給した賞与の額が基準になります。必ずしも同額である必要はありませんが，他の使用人よりも特に支給額が多い場合には，多いことにつき合理的な理由がないと，役員賞与と認定されることになるでしょう。

関連科目➡　従業員給与・賞与

# その３ 「重加算税を課します」と啖呵を
# 切られた調査

　著者が国税審判官としての３年間の任期を終え，古巣の税理士法人に戻った後，最初に担当した税務調査での出来事であった。この税務調査が入ることとなったクライアントの我々の事務所の担当者は税務調査の経験があまりなかったので，「尾崎君，サポートしてあげてよ」と代表社員から声が掛かり，著者も一緒に担当することになった。

　なお，このクライアントは，たまたま税務調査の直前に当事務所と顧問契約を締結したクライアントで，日本に何か所かある「中華街」のうちの一つに本店を構え，自社店舗で中華料理の高級食材を販売するとともに有名レストランにも食材を卸す事業を行っていた。

　創業二代目の社長のワンマン企業で他に経営に主体的に関与する取締役などはおらず，経理に関しては高齢の担当者が１人だった。記帳業務は外部に委託していたことから，この経理担当者の主な仕事は記帳業務に必要な資料の取りまとめと情報の提供くらいであったし，経理担当者は特段の判断業務はすることなく日々の業務を機械的にこなすのみで，何の職務権限も有していなかった。

＊　＊　＊

　そのような状況が続いていたある日，社長が急逝した。そして急遽，それまで経営に関与していなかった親族が新社長に就任した。税務調査があったのは，前社長がお亡くなりになってから１年が経過しようという時であった。

　調査の終盤，前社長の経費精算として，消耗品費勘定の中に

社長　ホームセンター購入品代

と摘要欄に記載のある取引が多数ピックアップされ，調査官から，当該経費の内容について確認を求められた。

　しかし，会社に保管されていた証憑はレシートでなく領収書であったことからその支出内容は明らかではなく，また，経費精算時に経理担当者もその内容を個々に確認はしておらず，さらに，記帳業務を依頼していた外部事業者もこの点の確認まではしていないとのことであった。査察出身の調査官は，このクライアントの本社近くにあったホームセンターに反面調査をすると言って引き揚げて行った。

　２週間ほどして，調査官から「反面調査の結果が出た」として税務署まで呼び出

しを受けた。

調査官：「ホームセンターでの買い物の中身は，前社長が個人で費消したと思われる，
　　　　ペットフード代，園芸用品代，タバコの購入代のようです。事実を仮装し
　　　　ていますので重加算税を課します」
私　　：「何でですか？　これは仮装ではないですよね」
調査官：「いえいえ，だって，私的な物品の購入ではないですか」
私　　：「それは認めます。しかし，仮装はしていませんよね」
調査官：「認めるんですよね。だったら，重加算税です」
私　　：「重加算税を課すということであれば修正申告には応じませんので更正処
　　　　分にしてください。別に事実を仮装しているわけではないので納得できま
　　　　せん。恐らく，審理担当は通らないと思いますよ」

と強気に言い放って席を立ち，税務署を後にした。そして数日後，調査官から「今
回は過少申告ということで修正申告に応じてもらえませんか」という連絡があった。
　重加算税賦課における「仮装」の定義は必ずしも一義的ではないが，一般的には
「あたかも，それが事実であるかのように装う等，故意に事実を歪曲することをいう」
と解される。
　では，上記事例において，事実を「装う・歪曲する」行為があったと言えるであ
ろうか。前社長がホームセンターで物品を購入したという事実と，帳簿摘要欄の「社
長　ホームセンター購入品代」という記載の事実は一致した事柄を示しているので
ある。この帳簿記載の点では，事実の「仮装」はないと言える。
　もっとも，決して「疑義なし」と言えるような事案ではないことは事実である。
恐らく，前社長は購入品の内容を明らかにしたくないために，あえて，レシートで
はなく領収書をもらっていたのであろう。
　ただ本事例においては，前社長は既に亡くなっており（証言をとることも不可能
であるから），何が事実であるか（購入の目的や用途）を確認することが困難であっ
た。また，前社長と経理担当者との当時のやりとり（指示）を（高齢の経理担当者
だけの証言で）認定するのも困難な状況であったように思われる。本来は，重加算
税の賦課はそれだけハードルが高いのである。

# 4 従業員給与・賞与

質問50 期末に未払決算賞与の計上がありますが，実際の支給日はいつでしょうか？

**調査官が知りたいこと**

1．未払賞与の損金算入要件を満たしているか？

**対応と対策**

**1．期末までに各人別に支給額を通知し，翌事業年度開始後1ヶ月以内に支払う**

　使用人に対して支給する賞与は，原則として，その支給日の属する事業年度の損金となります。未払賞与については，税務上は下記の要件を満たしていない限り損金算入されません。

| 未払賞与 | 損金算入時期 |
|---|---|
| 労働協約または就業規則により定められた支給予定日が到来している賞与 | 支給予定日（使用人に支給額が通知されていない場合には通知した日とし，いずれの場合も損金経理が必要） |
| 各人別に支給額を通知し，事業年度終了後1ヶ月以内に支払われる賞与 | 通知日の属する事業年度（損金経理が必要） |

　業績好調時などに支給する決算賞与については，会計上は，その対象期間となる事業年度の費用として計上します。税務上は，決算賞与の支給日が労働協約等であらかじめ定められていることは少ないと思われますので，期末までに各人別に支給額を通知し，事業年度終了後1ヶ月以内に支払われるものでなければ，損金算入時期は実際に支払った事業年度となります。

　決算賞与であっても，期末までに支払済みのものについてはその事業年度の損金になりますが，未払いの賞与については，その損金算入時期に注意が必要になります。

## 通知の方法

**元審判官によるコーチング**

各人別の支給額の通知については，書面交付のほか，メール，社内イントラネットによる通知でも構いません。重要なのは，"支給額"そのものを"各人別"に通知するということです。支給額に関しては，「最終的，確定的に決定した」金額でなければならず，「将来の一定の条件を満たした場合」を条件とするものはこれに該当しないとする文書回答事例（金沢国税局）があります。

---

**質問51**　親会社から出向で受け入れているCさんに対する給与は，親会社と貴社とどちらが負担していますか？

### 調査官が知りたいこと

1．出向負担金の授受の有無は？

2．月給以外の賞与，退職金，福利厚生費等の負担の有無は？

3．出向者が出向先で役員となっている場合の，出向負担金の処理は？

**対応と対策**

### 1．出向負担金の計算根拠を明確にしておく

　グループ会社間では出向による人事異動が頻繁に行われています。出向者はあくまでも元の会社に籍を有していることから，出向者への給与の支給は出向元の会社が行うケースも多く見受けられます。しかしながら，実際に労務の提供を受けているのは出向先の会社ですから，出向者の給与は出向先の会社が負

担するのが通常です。一般的には，出向先の会社が出向元の会社に給与相当分
の出向負担金を支払うことになります。

　給与相当分の出向負担金は，一般的には出向先で支払うべき給与水準に従い
決定されることになるため，出向負担金に関する取り決めの内容や，その計算
根拠を示す書類の整備が必要です。出向先から支払う出向負担金が相当と認め
られない場合は，寄附金認定のリスクを負うことになります。

　なお，出向元の給与水準が出向先の給与水準よりも高い場合に，その較差を
補うために出向元が出向者に対して支払う較差補てん金は，出向元での損金算
入が認められています。

## ２．出向負担金の負担の範囲を明確にしておく

　出向先が負担する出向者の労務の対価としては，月給だけでなく，出向期間
中に対応する賞与，退職金，法定福利費なども含まれますが，これらの負担割
合，支払方法（毎月または年払い，支給時一括など）も出向契約書において明
確にしておく必要があります。支払方法による税務上の取扱いの差異について
も確認が必要です。

## ３．出向者が役員となっている場合，出向負担金は役員給与としての取扱いを受ける

　出向者が出向先で役員となっている場合，出向先の法人が支出するその役員
に係る給与負担金の額は，出向先の法人におけるその役員に対する給与の支給
として，⑬　役員給与で解説した取扱いを受けることになります。

　出向元において出向者に対し従業員賞与を支払う場合において，出向先でそ
の賞与相当額の出向負担金を一括で支払ったときは，出向先においては役員賞
与に該当することになります。したがって，事前確定届出を提出していない限
りは，出向先で損金の額に算入されません。

関連科目➡　賞与引当金・退職給付引当金　役員給与　寄附金

# ⌊5　（役員）退職金

> **質問52**　代表取締役社長を退き，取締役会長となったＣさんに対し，退職金の支給がありますが，支給額はどのように決定されていますか？　また，退任前後で月額報酬に変動はありますか？

**調査官が知りたいこと**

1．支給額の算定方法や，支給決議の機関は？
2．支給額は不相当に高額ではないか？
3．実質的に退職したと認められるか？

**対応と対策**

## 1．役員退職金の支給額の算定方法，支給決議の機関を明確にしておく

　役員退職金は，賞与と異なり損金算入が認められます。また，退職金は所得税においても税負担が少なくなるよう優遇されていますので，特にオーナー会社では，その支給が恣意的になりやすく利益調整目的があるのではないかと，調査官に疑われやすい項目です。

　その支給および支給額が客観的に決定されているものであることを証明するため，退職金の支給が決議された株主総会議事録の作成と，退職金規程等に算定根拠がない場合には，その算定根拠を明確にしておく必要があります。

　また，税務調査では損金算入時期についても問題になることがあります。役員退職金は株主総会の決議により具体的に金額が確定した日または支払日の属する事業年度の損金とされます。株主総会議事録は，退職金の損金算入時期の決定のためにも重要ですので，必ず作成するようにしましょう。

## 2．支給額が適正であることを明確にしておく

　退職金規程等により支給額の算定根拠が明らかだとしても，その支給額が無条件に損金として認められるわけではありません。その規程自体が合理性を欠くことも考えられるからです。不相当に高額な部分の金額は，損金不算入になります。

　役員退職金の支給額は，一般的に「最終報酬月額×勤続年数×功績倍率」により算定された金額とされることが多いと思われますが，調査官は他社の支給事例などとの比較により，金額が不相当に高額であると指摘をしてくることもあります。また，例えば功績倍率の決定が恣意的になっている場合なども，税務上適正額とは認められない可能性が高いといえます。

## 3．分掌変更等の場合には，変更前後における給与，職務などに変更があることを明確にしておく

　退職金は実際に会社を退職する以外にも，使用人から役員への昇格，代表取締役を退任して非常勤取締役になる場合などの分掌変更があった場合に支給するケースもあります。税務上は，実質的に退職したものと認められる場合には，これらの退職金の損金算入を認めることとしています。

　特に役員の分掌変更の場合には，その前後における職務内容が大幅に変更となったことと，役員給与の額が50％以上減少している事実があれば，実質的に退職したものと認められます。これらの事実に該当しない場合は，退職金という名目で支給したものであっても役員賞与として取り扱われます。

　近年では執行役員制度の導入も進んでいますが，使用人から執行役員への昇格，執行役員から役員への昇格などについても，昇格前後の雇用関係の変更の有無などにより，実質的に退職したものと認められるかどうかの判断を行うことになります。

関連科目➡　役員給与　賞与引当金・退職給付引当金

## 分掌変更による役員退職金の分割支給

分掌変更に伴う役員退職金の分割支給（分割後の2回目の支給分）について損金算入が認められた事例（東京地裁平成27年2月26日判決）があります。大きな争点は，支払時の損金算入を認める法人税基本通達9-2-28の「ただし書き」の取扱いです。もっとも，これが認められたのは，分割支給することを前提にあらかじめ退職金の総額と支給時期を決定していたからです。

**元審判官によるコーチング**

---

**質問53**　御社では，前払退職金制度を導入し，在職5年ごとにその支給をしているようですが，支給時の源泉徴収はどのように行っていますか？

**調査官が知りたいこと**

1．賞与として源泉徴収しているか？
2．退職金の支給がある場合，「退職所得の受給に関する申告書」の提出があるか？

**対応と対策**

### 1．前払退職金は賞与として源泉徴収を行う

　近年では，退職時に退職金を支払う制度だけでなく，確定拠出年金制度や前払退職金制度など，さまざまな退職金制度が導入されています。

　このうち前払退職金制度とは，退職金を，在職中の一定期間ごとに支給する制度のことをいいます。支給時に退職の事実はないため，税務上は退職金ではなく，支給した者に対する賞与として取り扱われます。賞与であっても，使用人分は損金算入されますが，源泉所得税等は，退職金と賞与とでは徴収額が異なりますので，注意が必要です。

## 2. 退職時に忘れずに「退職所得の受給に関する申告書」を提出してもらう

退職を基因として支給する退職金に対する源泉徴収税額の計算方法は，受給者からの「退職所得の受給に関する申告書」の提出の有無により異なります。当該申告書の提出がある場合には，退職金の優遇措置の適用により比較的少ない源泉徴収で済みますが，提出がない場合には，支給額の20.42％の源泉徴収を行わなければなりません。

申告書の提出がなかったために，税務調査で源泉徴収漏れを指摘されるケースも散見されます。退職時に忘れずに提出を受けるようにしましょう。

なお，勤続年数によって源泉徴収税額が異なることになり，支払いを受けた個人における所得税額の計算も異なってきます。勤続年数のカウントには複雑なケースもあるため間違いのないように注意しましょう。さらに，勤続年数が5年以下の場合には，「特定役員退職手当等」および「短期退職手当等」という特別な取扱いもあるため注意してください。

関連科目➡　賞与引当金・退職給付引当金

# 6　法定福利費

> **質問54**　未払決算賞与に係る社会保険料の未払計上がありますが，税務上は当期の費用になりませんよね？

**調査官が知りたいこと**
　1．未払賞与に係る社会保険料の損金算入時期は適正か？

## 対応と対策

**1．賞与に対する社会保険料の損金算入時期は賞与支給日の属する事業年度であるため，未払賞与に係る社会保険料につき，適正に処理されているか確認する**

　賞与に対する社会保険料の納付業務は，賞与支給時に確定します。質問50で解説したとおり，未払賞与については，要件を満たせば未払計上による損金算入ができますが，その未払賞与に係る社会保険料については，賞与が未払いである限り損金不算入になります。この点は非常によく受ける質問です。

　会計上は，未払賞与の計上とともに，これに対応する社会保険料も費用計上することが通常です。したがって，税務上は，その未払計上した社会保険料につき別表加算が必要になります。

　また，賞与引当金についても社会保険料の未払計上を行うのが通常ですので，賞与引当金と併せて別表加算を行うことになります。

**関連科目➡**　未払金・未払費用　賞与引当金・退職給付引当金

## 役員賞与に係る法定福利費

役員賞与（事前確定届出給与および業績連動給与に該当するものを除く）は，損金の額に算入されませんが，それに係る法定福利費は損金の額に算入されることになります。社会保険料の損金算入時期を示した法人税基本通達9-3-2では，損金の額に算入することができる会社負担の保険料は，健康保険法または厚生年金保険法の規定により徴収される保険料としか定められていません。

元審判官
による
コーチング

# 7　福利厚生費

> **質問55**　御社の福利厚生制度は，複数あるプランの中から従業員の方々が自由に選択できるようですが，その制度の詳細について教えてください。

**調査官が知りたいこと**

1. 給与課税の必要はないか？
2. 福利厚生規程はあるか？

**対応と対策**

## 1．福利厚生として従業員に供与した経済的利益につき，給与課税の有無を支給前に確認する

　福利厚生制度については，経済的利益を受けた個人に対する給与になるかどうかが大きな論点になります。

　会社から従業員に対する経済的利益の供与は，原則として従業員に対する給与として取り扱われますが，社会通念上一般的な福利厚生制度については，あえて給与課税しなくてよいというのが税務上の考え方です。給与か否かによって，源泉徴収の必要性，役員の場合には役員賞与として損金不算入になるかどうか，また，消費税においては課税仕入れに該当するかどうかが異なることになります。

　会社が従業員のために行う福利厚生制度が給与になるか否かのポイントは，大きく次のような基準により判断されます。

① 全従業員を対象としているか（特定の者のみを対象としていないか）

　福利厚生制度とはいえ，特定の者のみを対象としているものは，その者に対する給与として取り扱われます。原則として，全従業員が対象となってい

なければいけません。役員のみで行うレクリエーション費用は，当然，役員賞与に該当することになります。

　ただし，例えば人間ドックの受診など，年齢等に応じて対象者を決めることに問題はありません。

② 福利厚生制度として，相当な金額か（不相当に高額すぎないか）

　たとえ全従業員を対象とするものであっても，その金額が，社会通念上明らかに高額すぎるものについては，給与課税を行う必要があります。

③ 換金性のあるものではないか（金銭の交付と同様とはいえないか）

　たとえ全社員を対象にし，金額が少額であっても，換金性のある（高い）ものを交付した場合には給与課税の対象になります。仮に，1,000円のプリペイドカードであっても同様です。単に現金を渡しているのと変わらないからです。


## 2．福利厚生規程を作成し，対象者，支給額等を明確にし，自社に必要な福利厚生制度であることを説明できるようにしておく

　給与課税の有無については，上記1.のポイントにより判断することになりますので，必ずしも福利厚生規程がないからといって，給与課税になるものではありません。逆に福利厚生規程があるからといって，給与課税しなくてもいいということでもありません。あくまでも，その福利厚生制度の内容によることになりますが，福利厚生規程によりその対象者や支給額等を明確にし，その規程に則って運用しているということは，税務調査時においては，福利厚生制度として適正に運用していることのアピールになります。

　最近では，一昔前と異なり，会社ごとにさまざまな福利厚生制度が採用されています。税務においては，給与課税の必要がない福利厚生制度としていくつかの事例が通達により明らかにされており，この通達に記載がない福利厚生制度については，一般に行われる福利厚生制度ではないため，給与課税の必要があるとする調査官もいます。しかし，その会社にとって，その福利厚生制度が本当に必要である制度であり，金額的にも妥当であるものであれば，給与課税

の必要のない福利厚生制度として認められるべきと考えます。税務調査において指摘された場合には，そのことを十分に説明できるようにしておく必要があります。

　他方で，福利厚生費の課税関係について，その原理原則の理解が不十分である納税者も多いようです。すなわち，上記1．にもあるように，所得税法上は，従業員がその地位に基づいて会社から受けるすべての給付は，給与所得を構成する（退職所得を除く）とされており，その給付は金銭によるものに限らず，現物または役務提供による経済的利益も含むものとされています。

　したがって，社内の福利厚生制度による受益も当然に給与所得を構成することになります。そして，この大原則を前提に，所得税法（9条1項4号ほか）や所得税法施行令（21条ほか），所得税基本通達（36－21ほか）において限定的に非課税となるものを示しているに過ぎません。この原理原理を忘れると，判断基準を持たないまま（やみくもに）「これも福利厚生費で問題ないですよね？」という考えに陥ってしまうことになります。

**関連科目➡**　　役員給与　従業員給与・賞与

**元審判官による**
**コーチング**

## カフェテリアプランによる福利厚生制度と給与課税

カフェテリアプランについては，各メニューの内容に応じて課税・非課税を判断しますが，換金性のあるメニューがあるカフェテリアプランは，そのメニューすべてが課税になるとされています。こうしたなか，財形貯蓄補助金として金銭の支給を受けるものは，換金性のあるカフェテリアプランには該当しないとした事例（令和2年1月20日公表裁決）があります。

# 8 外注費

> **質問56** 支払先のdさんは，以前は御社の従業員で給与を支払っていましたよね。現在は，外注費として支払っている理由を教えてください。

**調査官が知りたいこと**

1. 外注費か給与か？
2. 源泉徴収は正しく行われているか？

**対応と対策**

## 1. 個人に支払う外注費については，責任の所在や会社の指揮監督下にないことを，契約と業務実態により明らかにしておく

個人に対する外注費の支払いについては，給与に該当するか否かが論点となるケースが多くあります。外注費か給与かで取扱いが大きく異なるのは，源泉徴収の有無と消費税の課税対象となるかどうかです。外注費であれば課税仕入れになりますが，給与は消費税対象外となります。

外注費となる判断ポイントは主に次によることになります。

① その個人が，業務につき責任を負う（業務が完了しない場合は，たとえそれが不可抗力による場合であっても報酬の請求ができない）

② その個人は，当社の指揮監督下にない

③ その個人は，業務時間や作業場所等につき拘束されない

④ その個人は，業務に必要な材料または用具等の供与を受けていない　など

つまり，その個人が，事業主として独立して業務を行っている必要があるということです。

例えば，もともと従業員として会社と雇用契約を締結し，会社の指揮監督の

もと，勤務時間，勤務場所が定められ，労務の対価として給与の支給を受けていた者が，個人事業主として独立し，外注費として報酬を受けることになったとしても，独立後も会社の指揮監督下にあり，作業時間や作業場所が変わらず，成果物の納品状況も明確でないということであれば，その者は実質的に自社の従業員であって，その者の受ける報酬は給与と同じであるということになります。

　したがって，契約と業務実態により，その者が独立した事業主であることを明確に説明できるようにしておく必要があります。

### 2．外注費が源泉徴収の対象となる支払いに該当するかどうかを確認する

　上記1.により，外注費が給与とされなかったとしても，その外注費が原稿料や著作権の譲受けのための報酬等に該当する場合には，源泉徴収が必要になることもあります。

　税務調査において源泉徴収が必要とされた場合には，源泉徴収義務者に対し追徴課税がなされることになります。その追徴税額につき，相手先から再徴収するのかどうかといった問題も生じることになりますが，いったん支払ったものについて，源泉徴収分を返還してもらうことは実際には難しく，相手先とのトラブルにもなりかねません。

　源泉徴収の要否は契約時に確認し，支払側および受領側双方の認識を一致させておくことが重要です。

関連科目➡　従業員給与・賞与

## 源泉所得税にも推計課税が適用されてしまう

**元審判官による
コーチング**

　令和2年度税制改正において，法令上明確な規定がなく，その計算方法なども確立されていなかった源泉徴収における推計課税が法令上明確化されました。一定の源泉徴収義務者が給与等の支払いに係る所得税を納付しなかった場合，支払いを受けた者の労務従事期間，労務の性質，労務提供の程度などにより，その支払金額などの推計等をして追徴することができるとされています。

# ⌐9 支払手数料・支払報酬

質問57 土地の取得に関連して，個人に対する情報提供料の支払いがありますが，契約などはあるのでしょうか？

**調査官が知りたいこと**

1. 土地の取得価額に含めるべきものはないか？
2. 交際費となるべきものはないか？

## 対応と対策

### 1. 付随費用として固定資産の取得価額に含めるものがないか確認する

固定資産の取得のために要した手数料は，付随費用として固定資産の取得価額に含まれることになりますので，計上漏れのないようにご注意ください。固定資産に限らずすべての資産についていえることです。

### 2. 個人に対する情報提供料については，契約に基づいたものであるかどうか確認する

個人に対して支払う情報提供料のうち，情報提供を業としない者に対する提供料については，単なる謝礼として交際費に該当することになります。したがって，単なる謝礼ではなく，役務提供契約に基づいた提供料であることを明確にするためにも，少なくとも事前に契約書を作成するなどして，その役務提供に係る条件を明確にしておく必要があります。

関連科目➡ 有形固定資産　土地　ソフトウエア　ゴルフ会員権　交際費

> **質問58**　子会社の買収にあたって，コンサルタント会社に支払っている報酬がありますが，報告書などの成果物はありますか？

**調査官が知りたいこと**

1．子会社株式の取得価額に含めるべきものはないか？
2．前払費用となるべきものはないか？

**対応と対策**

### 1．付随費用として有価証券の取得価額に含めるものがないか確認する

　固定資産と同様，有価証券の取得のために要した手数料は，付随費用として有価証券の取得価額に含まれることとなります。ただし，その手数料が，その有価証券を取得することが未確定であり，有価証券を取得するかどうかの意思決定を行うためのものである場合には，取得価額に含めないことができるものと考えられます。

　一方，取得の意思決定後に生じた手数料については，有価証券の取得価額に含める必要があります。

### 2．コンサルタント契約については契約内容，報告書等の成果物により，損金算入時期を明確にしておく

　コンサルタント契約においては，その役務提供時期が不明確なものや，役務提供完了前にコンサルタント料が支払われるケースも見受けられます。

　契約等において，コンサルタント業務の内容，役務提供時期，報告書等の成果物の有無などを確認し，その損金算入時期の妥当性について説明できるようにしておく必要があります

**関連科目➡**　有価証券・関係会社株式・子会社株式　前払費用

## 仮装隠ぺい

仮装隠ぺいがあった場合には重加算税の対象となります。一般に"仮装"とは，所得・財産あるいは取引上の名義等に関し，あたかも，それが真実であるかのように装う等，故意に事実を歪曲することをいうとされています。したがって，正当な取引対価ではないと認識しながら，相手先に請求書を発行させ，帳簿に"〇〇相談料のため"と偽りの記載をした場合には，明らかに仮装行為に該当します。

質問59 アメリカの子会社に対する支払手数料の内容と金額の算定根拠について教えてください。

### 調査官が知りたいこと

1．非居住者等に対する源泉徴収は正しく行われているか？
2．取引に実体はあるか？
3．手数料の金額は適正か？

### 対応と対策

**1．外国法人・非居住者に対する手数料につき，国内法および租税条約に基づき，源泉徴収が必要かどうかの確認をする**

外国法人または非居住者に対し手数料等の報酬を支払う場合には，源泉徴収の要否について検討しなければなりません。所得税法上，国内源泉所得として源泉徴収の対象となる支払いが定められていますので，その支払いに該当する場合には，復興特別所得税を含めた源泉徴収が必要です。

さらに，日本と外国法人または非居住者の居住地国との間で租税条約を締結している場合には，租税条約による減免がないかどうかの検討も必要です。租税条約の適用を受けるためには，その支払いの前日までに，税務署長に対し，租税条約の適用に関する届出書を提出する必要がありますので，その届出をし

ているかどうかも確認します。

## 2．契約書を締結して，実際の取引は契約書記載内容に従って行う

　税務調査の現場では，親子会社間取引に実体はあるか，契約書記載内容と実際の取引に齟齬はないか，取引金額の妥当性等が重点的に調べられます。ある支払いの根拠が契約書上に明記されているか，契約書に記載があるにもかかわらず支払いがないものはないかという観点から調査が行われ，寄附金認定の可能性が探られます。このような認定課税を回避するためには，海外子会社と取引を行う際，特に下記の点に注意する必要があります。

---

① 負担すべき者が費用の負担を行うこと
② 取引価格の妥当性について検証し，金額の根拠について説明できること
③ 取引に先だって契約書を締結して取引範囲と金額を明確にすること
④ 実際の取引はその契約書記載内容に従って行うこと
⑤ 実際の取引が行われたことを証明するために，成果物等を残しておくこと

---

## 3．国外関連者との取引金額の算定根拠を明確にしておく

　近年では，資本関係のある外国法人との間で取引を行った場合の取引金額について，移転価格税制の適用により追徴課税を受ける事例が増加しています。移転価格税制とは，国外関連者との取引金額を恣意的に調整し，海外に所得移転を図ることを防止するための制度です。取引が独立企業間価格で行われていない場合には，移転価格税制が適用されることになります。

　国外関連者との間で取引を行った場合は，税務調査において，国外関連取引の内容や独立企業間価格の算定方法等に関して自社の考え方をまとめた書類の提出が求められます。期限までに提出できなかった場合には，調査官は，質問検査権を行使して競合他社などから取引データを収集し，そのデータを使って当社の独立企業間価格を推定し，課税できることとされています。

関連科目➡　寄附金

# ⑩ 広告宣伝費

> **質問60** 他社が主催するスポーツ大会への協賛金の支払いがありますが，スポーツ大会の開催はいつでしょうか？ また，御社だけではなく子会社も協賛しているようですが，それぞれで協賛金を負担しているのでしょうか？

**調査官が知りたいこと**

1. 前払費用とすべき部分はないか？
2. 子会社に対する寄附金とすべき部分はないか？

## 対応と対策

### 1. 広告宣伝の効果の及ぶ期間を明確にしておく

　広告宣伝のための費用は，その広告宣伝が行われる前に支払いが行われることが多くあります。当期に広告宣伝費用の支払いを行い，その広告宣伝期間が翌期である場合には，当期は前払費用として処理しなければなりません。消費税の仕入税額控除の時期についても注意が必要です。

### 2. グループ会社間での費用負担割合が合理的であることを明確にしておく

　企業グループが広告宣伝を行う場合，その広告宣伝が企業グループ全体に係るもの，またはグループ内の各会社に係るものとが考えられますが，各会社に係るものは当然にその各会社ごとに広告宣伝費用を負担する必要があります。この負担割合が適正でない場合には，寄附金課税の問題が生ずることになります。

**関連科目➡** 前払費用　寄附金

質問61 御社の商品を無償で配布しているようですが，誰に対するものですか？

**調査官が知りたいこと**

1．交際費となるべきものはないか？

**対応と対策**

**1．商品配布の意図，不特定多数の者に対するものであることを明確にしておく**

　自社商品を見本品，サンプル等として無償で配布することは，よく行われていますが，広告宣伝目的として損金算入できるのは，あくまでも不特定多数の者に対するものに限られます。

　物品の内容にもよりますが，得意先等のみを対象とするものは，広告宣伝目的というよりは，今後の円滑な取引を図るためのものとして，交際費に該当するケースがほとんどです。また，株主優待として自社商品の無償提供が行われることもありますが，株主も事業に関係のある特定の者に該当しますので，株主優待に係る費用については，交際費として取り扱われることになります。

**関連科目➡**　交際費

## 株主優待費用の交際費認定

**元審判官によるコーチング**

ファミリーレストランで現金と同様に使用することができる株主優待券の使用に係る費用が，交際費とされた安楽亭事件（平成25年10月1日非公表裁決）があります。①優待券を無償で配付し使用させていた行為は接待供応に当たる，②相手先が株主である，③目的は株主の歓心を買うためである，の3点を認定し，その使用に係る値引額は交際費に該当すると判断したものです。

# ⑪ 交 際 費

**質問62** 交際費勘定の金額と別表調整している金額が異なりますが，差異要因は何でしょうか？

**調査官が知りたいこと**

1. 科目外交際費の有無は？
2. 取引先等との飲食代の処理は？
3. 給与に該当するものはないか？

## 対応と対策

### 1. 交際費勘定以外の科目に含まれる交際費があるかどうかを確認する

　税務上，交際費は原則として損金不算入となります。税務上の交際費に該当する費用であっても，会計処理上は交際費以外の勘定科目で処理されているものも多くありますので，税務上の交際費の抽出漏れのないようにしなければいけません。税務調査においても，他科目で処理されているものが交際費に該当するか否かという点については，よく論点になる部分です。

　確定申告時にまとめて抽出する作業は相当の労力を必要としますので，仕訳入力の都度，税務上の交際費に該当するかどうかの分別を行うことが得策です。

### 2. 1人当たり5,000円以下の飲食代の処理科目を明確にしておく

　得意先等，外部の者との飲食代で，1人当たりの単価が5,000円以下のものについては，税務上の交際費に該当しません。この場合，上記1.とは逆に，会計上は交際費として処理するのが一般的ですので，税務上の交際費からは除く処理が必要になります。

　なお，あくまでも外部の者との飲食代に限られますので，社内飲食代につい

ては上記の適用はありません。なお，この場合の「社内」とは自社の役員・従業員に限られ，グループ会社の従業員等との飲食は「外部の者との飲食」と整理されています。また，参加人数を水増しして，5,000円以下に該当するものとして処理することは，仮装隠ぺい行為に該当しますので，発覚した場合には重加算税の対象になります。

## 3．業務との関連性から給与とみなされるものはないか

　交際費は給与課税との境界で問題になりやすい項目です。例えば，情報収集を兼ねた取引先へのゴルフ接待は交際費に該当しますが，それは業務との関連性があり，常識的な範囲で実施された場合です。

　ゴルフが趣味で毎日のようにゴルフ接待をしていた場合には，それは個人の趣味の延長線上の行為であり，（その程度や相手先にもよりますが）その者の給与に該当すると指摘されることもあるでしょう。その者が役員であれば役員給与として損金不算入（定期同額給与に該当しない）となり，個人としては所得税の対象（会社としては，源泉所得税の徴収漏れ）となります。

　交際費課税は給与課税の代替課税という側面もあり，税務調査において，会社側が交際費課税をしているのであれば，ことさらそれを「交際費ではなく給与課税します」とする指摘はあまりないようですが，本質的には両者を区別する必要があります。

**関連科目➡**　役員給与　支払手数料　会議費　旅費交通費

### 重加算税と質問応答記録書

**元審判官による コーチング**

飲食に参加した人数の水増しは明らかな仮装行為に該当しますが，これは何を証拠に認定するのでしょうか？　取引先とのメール，社内のメール，レシート（これには人数の記載がある場合が多い），飲食店に対する反面調査などが考えられます。そして，通常，重加算税を課すために，課税庁は「質問応答記録書」という書面を作成し，そこで不正をした従業員に証言をさせるのです。

質問63　交際費に係る控除対象外消費税はありませんか？

**調査官が知りたいこと**

1．科目外交際費に係る分を併せて，交際費に係る控除対象外
消費税を計算しているか？

**対応と対策**

**1．交際費に係る控除対象外消費税の算定根拠を明確にしておく**

　その課税期間の課税売上高が5億円超の場合や，課税売上割合が95％未満の
場合は，納付する消費税額の計算上，支払った消費税が全額控除できません。
この控除できなかった金額のことを「控除対象外消費税」といい，会計上は雑
損失等の費用科目で処理されます。

　税務上は，控除対象外消費税のうち交際費に係る部分の金額は交際費として
取り扱われ，法人税の課税所得の計算上，損金不算入の対象になります。交際
費勘定に計上されている費用のみならず，科目外交際費に係る控除対象外消費
税も忘れずに抽出する必要があります。

**関連科目➡**　未払消費税等

## ブイエス（VS）調査官

# その4　　携帯電話のスピーカーで喧嘩腰に
なってしまった調査

　特定分野の専門家向けに，その業務に関する情報提供を行うインターネットサイトを運営する上場会社の税務調査の話である。特に大きな問題点もなかったが，そのクライアント（A社）は，いわゆる決算賞与（各人別に支給額を通知し，事業年度終了後1か月以内に支払われる賞与）に係る取扱いで懸念していることがあった。

　というのも，法人が支給日に在職する使用人のみに賞与を支給することとしている場合のその支給額の通知は，賞与の通知のあった事業年度の損金算入要件を満たさないとされており，A社は自社の賞与規程の内容がこの規定（法令72の3，法基通9－2－43）に該当して損金算入ができないのではないかと懸念を持っていた。

　しかしこの点については，同様の論点について，同じ所轄税務署で別の上場会社のクライアントの税務調査で提出をした説明書面をそのまま活用し，我々から調査官に説明をすることで事なきを得ていた。

$$* \quad * \quad *$$

　そのような中，A社では，サイト制作に関して出向契約により人材の派遣を受けていた派遣先の会社（B社）に，「これら出向社員の方々の貢献も非常に大きかった」として，A社従業員に対する決算賞与の支給に併せて契約外の追加報酬の支払いをしていることが分かった。

　実はこのB社は，A社社長の友人が経営する会社で，経理部長から聞いたところでは，「どうやらうちの社長から先方の社長に話をしたみたいで，みんな頑張ってくれたから追加で報酬を払うよ，と言ったらしいんです。なので，契約書もないし，経理部員に○○万円追加で支払いをしておいて，と指示をしたようなんです」ということであった。しかし，その後の確認で，経営会議において追加報酬の支払いをすることが議題となっていたこと，およびB社から請求書の交付も受けていることが分かった。

　調査官はこの追加報酬の支払いについて，契約金額以上の支払いをしていることを捉えて，「支払いをする必要のなかった支払いであることから，寄附金または交際費に該当します」と指摘してきたのである。当事務所における当該クライアントの担当税理士から「ちょっとマズイ感じがします。寄附金と言われるとそんな気もしてきて……」と著者に相談があった。

コロナ禍における調査であったことから，資料確認のための臨場調査後は専ら電話でやりとりをしていたようであったため，「税務署じゃWEB会議できないので，じゃあ，電話で話すか。こっちは，携帯電話のスピーカーで聞けば，みんな聞こえるでしょ。いいよ，俺が話すから」と電話での会議を設定した。

調査官：「今回の追加報酬の支払いは，対価性はあるので寄附金には該当しませんが，取引関係の円滑が目的と思われますので交際費に該当します」

私　　：「はあ？　何で交際費なんですか？　対価性を認めているということは，何かをしてもらった，つまり派遣による役務の提供を受けたからその対価として払った，と調査官は認定しているんですよね。なのに交際費ってあり得ないですよね」

調査官：「だって，支払う必要のないもので，なのに何で払ったんですか？　今後の取引関係の円滑が目的ですよね。それ以外にありますか」

私　　：「いやいや。あなたね，交際費の法令解釈分かってますか？　一般的には……」

調査官：「そんなの分かってますよ。先生に言われなくても」

私　　：「だってさ，交際費というのは，その支出の目的が，接待等の行為により……」

調査官：「だから分かってますって……」

私　　：「だからさあ，こっちが話してんだよ。こっちの話を聞けよ！」

というやりとりが延々と1時間以上続き，最後に，

私　　：「もう，あなたでは埒があかないから，いいよ。あなた個人の見解ではなく，上司の人と話して回答して」

調査官：「仕方ないですね。分かりましたよ！」

ということで電話会議は終わった。周りにいたメンバーは，ヒヤヒヤして聞いていたという。後日，上司の調査官から「是認します」との（当然の）連絡があった。この指摘事項についてはクライアントも気にしていたため，「完勝」できたことに満足をしてくれた。

　ただし，会話がヒートアップしてしまったことに著者も反省をした。主張・反論は「フェースツーフェース」で行うべきである。

# ┃2　会 議 費

> **質問64**　飲食店で行う社内会議が多いようですが，会議録等はあります
> か？

**調査官が知りたいこと**

1．会議の実態を備えているか？
2．交際費または給与に該当するものはないか？

**対応と対策**

## 1．会議録等を作成し，会議の実態があることを明確にしておく

　会議費として処理しているからには，当然に会議の実態を備えていることが
必要です。参加者，開催時間，場所，会議内容等について記録した会議録を作
成し，会議の実態があることを明確にしておきましょう。特に役員の方が社外
で行った会議の実態は不明確であることが多いかもしれません。その実態は，
その役員の方しか分かりません。スケジュール管理等を通じて，その実態の説
明ができるようにしておくことが望ましいといえます。

## 2．会議費として，不相当に高額なものはないか確認する

　いくら会議の実態があったとしても，通常，会議に要する費用を超えるもの
は会議費ではなく，その者に対する給与または交際費に該当することになりま
す。その費用が飲食代で1人当たりの単価が5,000円以下だったとしても，社
内飲食代については，質問62で解説した外部飲食代と異なり交際費に該当する
ことになりますのでご注意ください。

　また，一律に金額基準を設けて「○○円以下のものは会議費として処理す

る」としている会社もあるようです。確かに，支出の内容を見て経理処理時に個別に判断をするのは煩雑であり，経費精算書や稟議書を見ても実態は分からないこともあるでしょう。

このような場合に一律の金額基準を設けて処理することは効率的といえ，税務調査の現場においても，その金額基準が社会通念に照らして相当であるといえる金額である限り，ことさら問題にはしないという方針で調査がされることもあるかもしれません。しかし，これは実務上の便法であり，税務上の（正式な）取扱いにおいて，会議費該当性に係る明確な金額基準などはありません。この点はくれぐれも誤解のないように注意してください。

関連科目➡　従業員給与・賞与　交際費

## 社会通念という判断基準

元審判官によるコーチング

会議・打ち合わせの際に，お酒が入るケースが全くないとはいいません。夕方にホテルのラウンジで打ち合わせをし，商談がまとまったので"乾杯"ということもあるかもしれません。しかし，お酒を飲みながら（たまたま）仕事の話をしたのと，仕事の話をしながら（少し）お酒を飲んだのかは，その趣旨目的は明らかに異なります。それは，社会通念に照らせば自ずと答えは出てくるはずです。

# 13　旅費交通費

質問65　視察のための海外出張がありますが,視察報告書等はありますか?

**調査官が知りたいこと**

1. 視察の実態を備えたものか?
2. 給与とすべき部分はないか?

**対応と対策**

**1. 出張報告,視察報告書等を作成し,視察の実態があることを明確にしておく**

　出張や視察等を行った場合には,税務調査において私的な旅行ではなかったかと疑念を持たれることがありますので,出張報告書,視察報告書等を作成し,その出張や視察が業務上のものであったことを明確にしておく必要があります。特に役員の出張等については,報告書を作成していないケースも見受けられますので,少なくとも,日程,訪問先,訪問目的,成果等を明らかにしておかなければなりません。

**2. 観光と業務を兼ねている場合は,行程表等により業務部分と私的部分を明確にし,会社負担と個人負担の費用を区分する**

　観光と業務を兼ねている出張,視察である場合には,観光に要する費用は,あくまでも個人が負担すべき費用となりますので,会社が負担した場合には給与課税の問題が生じることになります。会社負担とすべき金額と個人負担とすべき金額を明確にし,個人負担とすべき金額はいったん立替金計上した上で,速やかに精算すべきでしょう。

**関連科目➡**　役員給与　従業員給与・賞与

**質問66** 得意先を接待した日付と同じ日にタクシー代の計上が見受けられますが，接待のために利用したのですか？

**調査官が知りたいこと**

1．交際費とすべきものはないか？

**対応と対策**

**1．得意先等を接待するために要した交通費を明確にしておく**

質問62で解説したとおり，科目外交際費については抽出漏れがないようにする必要がありますが，得意先に渡すお車代だけではなく，例えば，得意先を会場まで案内するためのタクシー代も，税務上の交際費に該当します。

税務調査では，交際費勘定に計上されている日付と同日で旅費交通費勘定に計上されているタクシー代は，接待のために利用したものではないかと確認されます。交際費として抽出漏れのないように注意しましょう。なお，接待を受けるためのタクシー代は旅費交通費となります。

**関連科目➡** 交際費

## 質問応答記録書における申述の信用性

質問応答記録書における納税者の申述内容は，証言という証拠として取り扱われることから，それには信用性の判断が付きまといます。人は嘘をついたり，記憶が曖昧であったり，思い込みで話をしたりと，その申述内容は必ずしも事実と一致するとは限りません。申述の内容が信用できないとなれば，納税者自身の発言だとしても，争訟の場ではその申述内容は証拠として採用されません。

**元審判官によるコーチング**

# 14　通信費

> **質問67**　携帯電話の名義が社長個人となっていますが，会社名義としない理由は何でしょうか？

**調査官が知りたいこと**

1．役員給与とすべきものはないか？

**対応と対策**

1．携帯電話等，業務使用と個人使用が混同しやすいものについては，使用割合を区分する。個人名義のものを会社事業用に使用している場合には，会社の業務に使用されていることを明確にしておく

　会社が個人的費用を負担した場合には，当然にその者に対する給与となります。特に，携帯電話等，業務使用と個人使用が混同しやすいものについては，その使用割合を区分管理する必要があります。

　従来このような使用割合の区分管理は，例えば，営業の方が個人名義の携帯電話を業務に使用した場合や自宅で事業を営む個人事業主の方などに限られたかもしれません。

　しかし，最近では「在宅勤務（テレワーク）」が定着し，自宅での電話料金やインターネット接続に係る通信料なども広くこの使用割合の区分管理の対象となるケースが増えてきました。国税庁から「在宅勤務に係る費用負担等に関するFAQ」も公表されていますので，その内容などを参考にルールを策定するのがよいでしょう。

　なお，区分計算をせずに，「通信費相当として月額1,000円を支給する」とい

うような実際の使用割合に基づかない定額支給の場合は，原則として，その支給額全額が給与課税の対象になるでしょう。

　また，携帯電話や車両など，会社の業務で使用するものについては会社名義となっていることが通常ですが，個人名義のものを業務に使用している場合には，業務に使用していることを明らかにしておく必要があります。個人名義としておかなければいけない特段の理由がある場合には，その理由についても説明できるようにしておきましょう。

関連科目➡　　役員給与　従業員給与・賞与

元審判官
による
コーチング

## 質問応答記録書における申述が信用できないとされた事例

質問応答記録書は，納税者が「私が○○をしました」という自らに不利な申述をしたことを示す書面ですが，審査請求において，「質問応答記録書にある納税者の申述は信用できない」と判断された事例（平成31年４月９日公表裁決）もあります。「記憶が曖昧なまま申述してしまった」という場合には，それに伴う不利な立場を挽回するチャンスがあるわけです。

# ⒂　地代家賃

質問68　社長に対して支払っている地代の算定根拠を教えてください。

**調査官が知りたいこと**

1．借地権認定すべき部分はないか？
2．役員給与とすべき部分はないか？

## 対応と対策

### 1．相当の地代の支払いまたは「土地の無償返還に関する届出書」を提出する

　権利金の授受が行われる地域にある土地を借り，その土地の上に会社名義の建物を建てるケースでは，第三者間取引であれば権利金の授受を行うのが通常です。しかしながら，社長個人が所有する土地を借り受ける場合には，権利金の授受をしないケースも見受けられます。この場合には，原則として会社に対し借地権の認定課税が行われることになります。認定課税を回避するためには，以下のいずれかの方法によらなければなりません。

> ①　相当の地代を支払う
> ②　借地権設定契約において，将来借地人がその土地を無償で返還することを定め，「土地の無償返還に関する届出書」を税務署長に提出する

　借地権に関する課税関係は，税務実務の中でも最も複雑なものの一つです。借地権の価額はしばしば高額になることから，会社が所有する建物とその敷地の法的権利関係を整理し，借地権認定課税のリスクがないかどうかの検討が必要です。相当の地代を支払わないこととする場合は，「土地の無償返還に関する届出書」を速やかに提出しましょう。

## 2．税務上，適正と認められる地代の支払いを行う

　社長個人から駐車場等，借地権が生じない土地を借り受ける場合に，第三者間取引と比較して高額の地代が支払われている場合には，給与課税の問題が生じることになります。近隣の相場に基づいて地代設定を行うなど，地代設定の根拠を明確にするとともに，近隣相場の変動に合わせて一定期間ごとに地代の見直しが必要です。


**関連科目➡**　　役員給与


> **質問69**　社宅家賃収入を地代家賃のマイナスとして処理していますが，社宅家賃の算定根拠を教えてください。

**調査官が知りたいこと**
1．給与とすべき部分はないか？
2．課税売上割合は正しく計算されているか？


**対応と対策**

## 1．税務において適正と認められた家賃を収受する

　社宅家賃の収受にあたり，実際に収受する家賃が適正家賃より低い場合には，その者に対する給与課税の問題が生じることになります。給与課税における適正家賃については，税務上，その金額の算定方法が定められています。通常の家賃の金額にかかわらず，税務上定められた金額以上を徴収していれば，給与課税の問題は生じません。

　なお，役員と使用人では，適正家賃の算定方法が異なります。使用人が役員に就任した場合には，家賃を見直す必要がありますので，ご注意ください。

## 2．課税売上割合の算定上，非課税売上に含める社宅家賃収入を集計しておく

　社宅家賃を収受した場合には，会計上，地代家賃勘定のマイナスとして処理するケースも多く見受けられます。法人税法においては特段の問題はありませんが，消費税法上は社宅家賃収入は非課税売上となり，課税売上割合の算定上，分母の金額に含める必要があります。

　社宅家賃収入を地代家賃勘定のマイナスとして処理している場合に，課税売上割合の計算を誤ってしまうケースが散見されますので，ご注意ください。

　なお，地代家賃に係る消費税の課非判定ですが，事務所用建物は課税，居住用建物は非課税，土地の賃貸は非課税となります。駐車場については，駐車場施設として整備・管理されている場合には課税となり，砂利の敷き詰めやアスファルト舗装もないまったくの更地の青空駐車場の場合には非課税となります。

　では，一棟の事務所用建物を土地とともに借り受け，仮に建物部分と土地部分に賃料が分かれていた場合はどうでしょうか。この場合は，その賃料の全額が課税となります。

**関連科目➡**　　未払消費税等　　役員給与　　従業員給与・賞与

### 地代家賃に係るフリーレント契約と税務調整

元審判官による
コーチング

フリーレントがある場合，法人税において損金として認識すべき月額の地代家賃は，契約期間における賃料総額（解約の場合は残賃借期間分の賃料全額相当額を支払う）を契約期間の月数で按分した金額か，それとも，契約書で定められた各月において実際に支払う金額のいずれでしょうか？　これについては，後者であるとした事例（平成30年6月15日公表裁決）があります。

# 16 消耗品費

質問70 期末に大量のパソコンを購入していますが，業務に使用した日はいつですか？

**調査官が知りたいこと**

1. 資産計上すべきものはないか？
2. 損金算入時期に問題はないか？

**対応と対策**

## 1．1取引単位ごとに取得価額の判定を行い，それぞれで適切な処理を行う

　税務上，減価償却資産に該当するものについては，「1台または1基」等の1取引単位ごとの取得価額に応じて，その取扱いが異なります。消耗品費勘定で処理されるもののうち，税務上も取得価額の全額の損金算入が認められるものは，取得価額が10万円未満のものに限られます。それ以外のものが消耗品費勘定で処理されている場合には，一括償却資産または通常の固定資産として別表調整が必要になりますが，中小企業者等については特例がありますので，会社の規模等に応じ適切に処理されているかを確認します。

　なお，取得価額には，購入に要する付随費用が含まれます。付随費用を含めず取得価額の判定を行い，その後の税務調査で，取得価額への加算漏れを指摘された場合には，取得価額が増加することになります。その結果，当初の申告で取得価額の全額を損金算入していたものについて，その取扱いが変更になることもあり得ます。減価償却資産を取得した場合には，付随費用についても必ずチェックするようにしましょう。

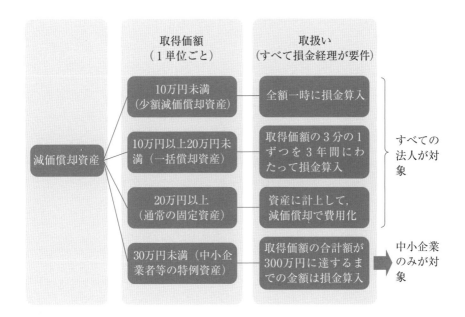

　なお，上記における，少額減価償却資産，一括償却資産，中小企業者等の特例資産については，令和4年度税制改正において，その適用資産から「貸付けの用に供した資産（主要な事業として行われるものを除く）」を除外する改正が行われました。これは，自らが事業で使用しない少額な資産（一時または3年で損金化が可能なもの）を大量に取得し損金算入した上で，これらの資産をレンタルし貸付期間で収益計上することにより課税を繰り延べるという行為が目立つようになってきたためであるとされています。

　もっともこの制限措置は，過度な節税を防止することが目的であるため，貸付けを事業としているリース会社が行うリースや企業グループの管理運営を行う親法人が子会社に対して行う事務機器等のリースについては適用されません。

## 2．事業の用に供した日を明確にしておく

　消耗品費として，その取得価額の全額につき損金算入が認められるものについても，あくまでも損金算入時期は，事業の用に供した日の属する事業年度に

なります。したがって，期末間際に取得価額が10万円未満である大量の備品等を購入したとしても，事業の用に供していない限りは貯蔵品に該当することになり，損金算入は認められません。

　なお，事務用品などの毎期一定の量を継続して消費するものについては，それらが未使用であったとしても，継続適用を要件に購入時の損金算入が認められています。

**関連科目➡** 　貯蔵品　減価償却資産　支払手数料　減価償却費

**元審判官による
コーチング**

## 1単位の判定はどのように行うのか

少額減価償却資産の該当性について判断した事例にNTTドコモ事件（最高裁平成20年9月16日判決）があります。この事件は，①実際の売買の取引単位，②その資産の機能が発揮できる単位は"1"でも可能か，の2点から判断し，"機能の発揮"については，本来の事業目的に合わせた機能ではなく，資産の機能として発揮することができる資産の単位を基準に判定すべきとしました。

# 17　修　繕　費

> **質問71**　販売管理ソフトウエアのバージョンアップ費用の内容を教えてください。

**調査官が知りたいこと**

1. 資本的支出として資産計上すべきものはないか？

**対応と対策**

## 1. その修繕が，資本的支出に該当するものか，または単なる修繕のいずれに該当するかを明確にしておく

　修繕費勘定に多額の費用が計上されている場合，税務調査では資本的支出に該当するのではとの指摘を受けることがあります。固定資産の修理，改良等の名目で支出した金額は，固定資産の取得価額に加算される資本的支出と，その事業年度で一時の損金となる修繕費に区分されます。

　なお，資本的支出として処理すべきものを修繕費として処理した場合には，「償却費として損金経理した金額」として別表調整をすることになります。

- 　資本的支出……固定資産の使用可能期間の延長または価値の増加をもたらす支出
- 　修繕費……固定資産の通常の維持管理及び原状回復のため等の支出

　これらの具体例としては次のようなものが挙げられますが，その支出が固定資産にどのような効果をもたらすものであるかを明確にし，適切に処理する必要があります。証憑等でその判断が難しい場合には，現物を確認することも判断材料の一つになります。

| 支出の内容 | | 資本的支出 | 修繕費 |
|---|---|---|---|
| 建物の外壁塗装 | 元の材質よりも高級素材を使用した塗装 | ○ | |
| | 汚れやひび割れ等の劣化を元に戻すための塗装 | | ○ |
| | 老朽化による防水効果が薄れたための防水塗装（従前と同程度の材質を使用） | | ○ |
| | 雨漏り防止のための新たな防水塗装 | ○ | |
| 機械・器具の部品交換 | 品質や性能の高い部品への交換 | ○ | |
| | 劣化による部品交換（交換前と同程度の性能） | | ○ |
| ソフトウエア | 新たな機能の追加，向上等仕様の大幅な変更 | ○ | |
| | バグ取り費用，デザイン変更費用，毎月の保守料 | | ○ |
| | ウイルス除去ソフトの導入費用 | ○ | |
| | ウイルスの被害復旧費用 | | ○ |

　上記以外の判定として，修繕の周期（3年以内）や金額などを判定要素とするものが法人税基本通達で明らかにされています。

関連科目➡　有形固定資産　土地　ソフトウエア　減価償却費

## 現場での現物確認の重要性

元審判官による コーチング

固定資産の"修繕"を行ったとして，資本的支出として資産計上すべきか修繕費として損金の額に算入することができるかの判断において，稟議書に記載のある，修繕・改良・補強・改造・強化・改善・補修の各言葉だけを頼りに正確な税務処理を行うことができるでしょうか？　工事明細書などによる工事内容の確認は当然として，やはり現場での現物確認が必要だということです。

# ⒅　リース料

> **質問72**　ファイナンス・リース取引の内容を教えてください。

### 調査官が知りたいこと
1．売買取引，金融取引に該当するものの処理は正しく行われ
　ているか？
2．消費税の控除は正しく行われているか？

### 対応と対策

## 1．リース契約を確認し，その実態に応じた処理を行う

　税務上，ファイナンス・リース取引については，所有権が移転する，しない
にかかわらず，原則として売買処理を行うことになります。リース料の支払い
ごとに費用処理をするのではなく，リース契約締結時にリース資産を固定資産
に計上し，減価償却を行います。

　なお，所有権移転ファイナンス・リース取引については，通常の固定資産の
取得と同様の減価償却方法（定額法または定率法など）によりますが，所有権
移転外ファイナンス・リース取引の場合には，リース期間定額法により減価償
却を行います。損金算入額としては，月額リース料を損金算入する処理と変わ
りはありません。

　また，いわゆるセール・アンド・リースバック取引については，実質的に金
銭の貸借取引として取り扱われるものもありますので，リース契約内容やリー
ス目的を確認し，実態に応じた処理を行わなければなりません。

## 2．支払リース料に係る消費税の控除時期を明確にしておく

　ファイナンス・リース取引が売買取引とされることにより，消費税法上，そ

のリース資産の引渡しを受けた際に，リース料総額に係る消費税の全額を控除することができます。

　所有権移転外ファイナンス・リース取引のうち金額の重要性が乏しいものは，会計上，賃貸借処理が認められていますが，賃貸借処理したものについては，リース料を支払う課税期間ごとに，支払リース料に係る消費税を控除する方法を選択することができます。所有権移転外ファイナンス・リース取引については，消費税の控除を引渡時または支払時のいずれに行っているかを確認し，二重控除とならないように注意が必要です。

**関連科目➡** 　減価償却資産　　未払消費税等　　減価償却費

**元審判官**
**による**
**コーチング**

## 重加算税回避のもう一つの視点

延滞税は，「除算期間」の計算により１年分しかかからないことになっています。しかし，重加算税が課された場合には，この「除算期間」の計算の適用がありません。例えば，当初申告から修正申告までの期間が３年経っていたとすると，重加算税が課された場合には，まるまる３年分の延滞税が課されることになります。実は，重加算税は延滞税の計算においても大きな影響があるのです。

# 19　保険料

質問73　社長を被保険者とする生命保険契約の内容を教えてください。

**調査官が知りたいこと**

1．給与とすべきものはないか？

2．契約内容に応じて，適正な処理が行われているか？

**対応と対策**

**1．生命保険金の受取人を確認し，給与課税の有無について確認する**

　役員，従業員を被保険者とする生命保険契約につき，保険金の受取人が会社である場合には，その保険料を会社が負担することに問題はありません。しかし，受取人が被保険者本人またはその親族である契約につき，会社が保険料を負担している場合は，一部の例外を除き給与課税の問題が生じます。

　特にオーナー会社では，社長や親族である役員を被保険者とする保険契約で，その親族が受取人である契約も多いため，注意が必要です。

**2．契約内容により，保険積立金として資産計上すべき部分がないか確認する**

　保険金の受取人が会社であり，その保険料の負担は会社で行うべきものだとしても，その保険契約の内容により，保険料支払時に一時の損金にできないケースがあります。税務上は，保険契約の内容や最高解約返戻率により支払保険料の処理が定められており，保険料の全額または一部を保険積立金として資産計上することが必要なものもあります。契約内容を確認し，適正な処理を行うことが必要です。

　保険料の支払いは一度契約を締結すると，毎月・毎年など，反復継続的に長

期にわたって支払いが継続するのが特徴です。契約時に保険料の税務処理を誤ると，それが見直される機会もないまま続いてしまうことがあるため，契約時にしっかりと確認することが重要です。保険契約ということで金額的にも多額になる傾向がありますので，処理誤りの影響が思いのほか大きくなることもあります。

　また，「法人が，前払費用の額で，その支払った日から1年以内に提供を受ける役務に係るものを支払った場合において，その支払った額に相当する金額を継続してその支払った日の属する事業年度の損金の額に算入しているときは，その支払時点で損金の額に算入することが認められる」という取扱いが法人税基本通達にありますが（法基通2－2－14），損金の額に算入される保険料については，この適用が認められます。

関連科目➡　　保険積立金　役員給与　従業員給与・賞与

## 給与課税の有無の判断基準

**元審判官による
コーチング**

社員が会社から受ける経済的利益は，法令・通達で非課税とされているものを除き，原則として給与課税の対象となります。しかし，すべてを法令・通達で定めることはできないため，法令・通達における取扱いの趣旨目的を踏まえ，①対象者の範囲，②選択性の有無，③換金性の有無，④受益の程度（金額・均等），⑤受益の内容，などを総合考慮して課税・非課税の判断をすることになります。

# 20　租税公課

> **質問74**　源泉所得税等の不納付加算税と延滞税の支払いがありますが，別表加算はしていますか？

**調査官が知りたいこと**

1．損金不算入となるものの処理が適切に行われているか？
2．損金算入となるものの損金算入時期は適切か？

**対応と対策**

## 1．損金算入となるもの，ならないものを区分し，集計する

　会社が納付すべき税金や罰金等については，その種類に応じて，損金算入となるものと損金不算入となるものに区分されます。損金不算入となるものの加算漏れを防止するため，帳簿の摘要等において，その内容が把握できるようにしておくことが必要です。

| | 国　税 | 地方税 | その他 |
|---|---|---|---|
| 損金不算入 | ●法人税・地方法人税<br>●加算税・延滞税・過怠税<br>●法人税から控除する所得税<br>　（復興特別所得税含む） | ●都道府県民税<br>●市町村民税<br>●加算金・延滞金 | ●罰金<br>●科料・過料<br>●交通反則金 |
| 損金算入 | ●印紙税<br>●利子税<br>●個別間接税（酒税・入湯税等）<br>●法人税から控除しない所得税<br>　（復興特別所得税含む）<br>●税込経理方式を採用している<br>　場合の納付消費税額等 | ●事業税（特別法人<br>　事業税を含む）<br>●固定資産税<br>●事業所税<br>●納期限延長の場合<br>　の延滞金 | |

## 2．損金算入となるものにつき，通知日，申告日等を明確にしておく

損金算入される税金については，事業税などの自己の申告によるものは，その申告日，固定資産税などの賦課決定に基づくものは，その賦課決定日の属する事業年度（納期の開始日または納付日の属する事業年度で損金経理したときはその事業年度）が，損金算入される時期になりますので，その日付を明確にしておく必要があります。

関連科目➡ 　未払法人税等　法人税，住民税および事業税

質問75 　御社が締結している契約書ファイルを見せてください。

調査官が知りたいこと
1．契約書に印紙は正しく貼り付けられているか？

対応と対策

## 1．契約書，領収書等につき，印紙の課税文書となるかどうかを確認し，書類作成時に印紙の貼り付けを行う

契約書や領収書などを作成した場合には，その内容や記載金額に応じて印紙税を納付しなければなりません。印紙税は，契約書や領収書などの課税文書に印紙を貼り付け，消印することで納付したものと取り扱われます。法人税の税務調査が行われる場合には，併せて印紙税の調査も行われることがあり，契約書等に印紙が正しく貼付されているかどうかが確認されます。

印紙の課税文書は限定列挙となっていますが，そもそも課税文書に当たるのか否か，当たるとしたときにその文書にいくらの印紙が必要なのかの判断が難しく，また，本来は印紙を貼付すべき文書であると認識はしていても，負担が

多額にのぼるために貼付をしていないというケースも散見されます。しかし，税務調査において印紙を貼付していないことが発覚した場合には，当初貼付すべきであった印紙の額とその２倍に相当する金額（すなわち貼付すべきであった印紙の額の３倍）の過怠税が徴収されることになり，過怠税は損金算入されないことから納税負担としては相当な額となってしまいます。

　印紙の貼付は長期間にわたって反復継続して行われ，同種の課税文書が大量に存在することもよくあります。したがって，一度判断を誤ると印紙の貼付漏れ，貼付金額の誤りが相当な額に上ることもよくあることです。そのような（上場会社における）事例が新聞報道などで明らかになることもめずらしくありません。契約書や領収書等の作成時には，課税文書に該当するか否かの確認を必ず行い，必要なものには適正な額の印紙を貼付するようにしましょう。

## 1.1倍の過怠税

**元審判官によるコーチング**

貼付漏れを自主的に税務署長に申し出た場合で，その申出が税務調査を予知してなされたものでないときは，1.1倍の過怠税が課されることになっています。しかし，実務上，税務調査で貼付漏れが明らかになったときでも，貼付していないことが故意ではなく，調査官の指摘に従い納税をする場合には，件数や金額の重要性なども加味し，３倍ではなく1.1倍の過怠税で済むことが多いようです。

# 21 寄附金

質問76 子会社に対して，債権放棄や固定資産の低額譲渡を行っている
ようですが，どのような理由でしょうか？

**調査官が知りたいこと**

1. 子会社に対する寄附となるべきものはないか？

**対応と対策**

## 1. 子会社に対し，債権放棄等を行った理由を明確にしておく

　相手方に対して行われた金銭その他の資産の贈与または経済的利益の供与は，
寄附金として損金算入に一定の制限が設けられていますが，金銭等の贈与や経
済的利益の供与を行うことにつき，合理的な理由がある場合には，寄附金に該
当しないものとして取り扱われます。例えば，経営不振により財政状態が悪化
し，倒産の危機に瀕している子会社に対し，倒産を防止するために行う資金の
低利貸付や債権放棄など，親会社の社会的責任として行う経済的利益の供与等
については，寄附金に該当することなく，損金算入が認められています。

　一方，経営が健全である子会社はもちろん，倒産の危機にまで至っていない
子会社に対して行われる債権放棄は，原則として寄附金に該当します。子会社
に対するこれらの行為は，その理由を明確にしておく必要があるでしょう。

　なお，寄附の相手方が100％資本関係がある関係会社である場合には，いわ
ゆるグループ法人税制の適用により，当社における寄附金は全額損金不算入と
なり，相手方では全額益金不算入となります。

**関連科目➡** 貸付金　受取利息　固定資産譲渡損

## 寄附金認定と"べき"論

**元審判官によるコーチング**

会社が行った取引について,「その行為について通常の経済取引として是認することができる合理的理由が存在しない」場合に,寄附金認定が行われます。端的にいえば,①もらうべき対価はもっと高額であるべき,②対価をもらっていないがもらうべき,という類の調査官の指摘です。したがって,この"べき"論を崩すことができれば,納税者の主張が通るということになります。

**質問77** 先般の災害の被災者に対する支援の内容を教えてください。

**調査官が知りたいこと**

1. 各支援の処理が適正に行われているか?

**対応と対策**

## 1. 支援内容ごとに取扱いを確認し,その支援が相当であることを明確にしておく

　災害が発生したことにより,被災者に対し,支援を目的として行う金銭等の交付,経済的利益の供与等に係る費用については,原則として,寄附金に該当することなく,損金算入されます。

　しかし,相手方の復興状況等に応じ,過大な支援と認められる部分については,寄附金(または交際費)に該当することになりますので,その支援が相当であることを明確にしておく必要があります。

| 支援内容 | 取　扱　い |
|---|---|
| 一定の義援金 | 国等に対する寄附金または指定寄附金 |
| 上記以外の義援金 | 一般寄附金 |
| 従業員に対する見舞金 | 相応の見舞金　⇒　福利厚生費<br>不相応の見舞金　⇒　給与 |
| 取引先に対する見舞金 | 相応の見舞金　⇒　損金<br>不相応の見舞金　⇒　交際費 |
| 売掛金等の免除 | 復旧支援目的　⇒　損金<br>上記以外　⇒　寄附金 |
| 自社製品等の提供 | 不特定または多数の者を救援するために行うもの　⇒　損金<br>上記以外　⇒　寄附金又は交際費 |

関連科目➡　従業員給与・賞与　福利厚生費　交際費

## ブイエス（VS）調査官

## その5　　経営指導料のうち「海外孫会社」に対する<br>　　　　　ものだけが問題視された調査

　　連結納税制度（現在のグループ通算制度）を採用する上場会社での税務調査であった。そのクライアントは，100％保有の国内子会社および国内孫会社30数社のほか，海外孫会社も10数社程度有していた。

　　連結親法人は，いわゆるホールディングカンパニーの純粋持株会社で，その直下には，中間事業持株会社である大規模な国内子会社およびその兄弟会社，さらにそれらの傘下に国内および海外孫会社が存在していた。

　　連結親法人は，株主への配当金の原資および自らの運営資金を確保するため，直下の子会社から配当金を受け取るとともに，経営指導料という名目で一定の負担金を徴収していた。そして各子会社は，その傘下にある各孫会社から配当金を受け取るとともに，連結親法人へ支払う経営指導料の一部を転嫁していたが，その転嫁先は一部の国内孫会社に限られ，国内孫会社の一部およびすべての海外孫会社には経営指導料を負担させていなかった。

　　国税局による連結納税グループの大規模な調査であり，調査官は10名程度，調査自体は数か月にわたるものであった。調査の状況から想定される指摘事項としては，交際費認定や固定資産・棚卸資産の計上漏れ，売上・諸経費の期ズレなど，定番と言えるようなものがあるようであった。

　　このような状況において，ある日の臨場時，

調査官　　　：「海外孫会社には経営指導料の請求をしていないようですが，何故ですか？　負担させるべきではないでしょうか」

会社担当者：「海外孫会社には，経営指導に値する役務提供はしていないため負担を求めていません。役務提供をしていないのだから，請求する理由はありませんよね」

私　　　　　：「経営指導料の定義は一義的ではないですが，何かをしてあげたからその対価をもらいますよね，ということですよね。何もしていないのにもらったら寄附ですよね」

調査官　　　：「いやいや。何もしていないということはないと思います」

会社担当者：「もちろん，決算数値を集めるとかはしていますよ。でもそれは親会

社としてすべきことをしているだけです」

私　　　：「何かをしていると指摘するのであれば，そちらが，それを具体的に
　　　　　立証しないとダメですよね」

というやりとりがあった。とはいえ，正直，会社の主張も厳しい面があるとは思っ
た。しかし，そのクライアントの特徴であるかもしれないが，海外孫会社の経営は
一定程度の親会社の関与はありつつも経営陣はほぼ現地採用であり，現地における
経営方針も「自主独立」という実質で経営が行われているようであった。

＊　＊　＊

　経営指導料の意義に関しては，東京地判平成12年２月３日（税資246号393頁）
において，上位の会社が，下位の会社の事業に関して，経営上の助言・人的資源の
提供・法務・市場調査・広報活動等の事務を負担し，その対価として経営指導料を
受領していることを認定している。

　これを踏まえると，経営指導料とは，グループ統括の立場から子会社等の管理を
行い，経営上・営業上の指導を行うなど，経営管理に対する対価であると一応整理
ができる。そうすると，「海外孫会社に対しては何もしていないので負担させてい
ない」という会社の説明は，一応の合理性を有する。あとは，「実際に何もしてい
ないのか。対価を収受すべきような役務提供はないのか」という事実認定の問題と
なる。

　ここで著者が「そういうことか」と理解したのは，経営指導料の授受をしていな
いことを問題視したのは，100％保有の海外孫会社だけだったということである。
「国外関連者に対する寄附金（措法66の４③）は認定するが，連結納税グループ内
（100％保有の国内孫会社）での取引について寄附金認定をしても意味がない」と
いうわけだ。しかし，「いいとこどり」の指摘には首をかしげたくなる。

　最終的には，会社の主張も踏まえ，「経営指導という役務提供の態様は様々であ
り，経営指導料の授受の有無は一様ではない」「自らの収入源がある事業持株会社
が経営指導料を子会社に請求していないケースなどいくらでもある」「100％子会
社には請求しているが，そうでない子会社には請求していないことも多い」などと
説明し，経営指導料の授受に関して調査官の指摘するような "べき論" は存在しな
いと主張した。

　そして，「実際に何もしていないのか（その程度も含め）」という事実認定の困難
さも味方し，我々の主張が通り，今回は事なきを得た。だが，次の調査があった時
には，どうなるか分からない。

# |22　研究開発費

> **質問78**　研究開発の具体的な内容を教えてください。また，試験研究費の税額控除の対象としている金額の内容を教えてください。

**調査官が知りたいこと**

1．税額控除の対象となる試験研究費が適正に計算されているか？
2．適用要件は充足しているか？

**対応と対策**

## 1．税額控除の対象とした試験研究費の内容を明確にしておく

　税務上，試験研究費は税額控除の対象となりますが，ここでいう試験研究費と，損益計算書に計上される研究開発費は必ずしも一致しません。

　税額控除の対象となる試験研究費とは，製品の製造若しくは技術の改良，考案若しくは発明に係る試験研究，または，IoT，ビッグデータ，人工知能（AI）等を活用した第4次産業革命型の新たなサービス開発に係る試験研究のために要する，原材料費，人件費及び経費のほか，他の者に試験研究を委託するために支払う費用などをいいます。

　会計上の研究開発費は，「研究」と「開発」に要した費用とされます。「研究」とは新しい知識の発見を目的とした計画的な調査及び探究をいい，「開発」とは，新しい製品・サービス・生産方法についての計画若しくは設計として，または，既存の製品・サービス・生産方法を著しく改良するための計画若しくは設計として，研究の成果その他の知識を具体化することと定義されています。

　一般的には，税務上の試験研究費の範囲のほうが狭いため，研究開発費勘定から税務上の試験研究費に該当するものを抽出する作業が必要になることがあ

ります。税務調査でも，税額控除の対象とした試験研究費の内容について必ず確認されると考えていたほうがよいでしょう。

## 2．適用要件を充足しているか

　試験研究費の税額控除制度は，細かい改正も含めると毎年のように改正が行われる項目です。適用判定に用いられる細かな数値基準や控除率の改正のほか，業績のよい優良企業について，適用除外要件としてかなりハードルの高い適用要件を設けたのも比較的新しい改正によってです。法人によってはその適用の可否により税額に大きな影響が出ることから，毎年の改正内容をしっかりとキャッチアップすることが重要です。

　税額控除制度の対象になるものは，「研究開発費として損金経理をした金額」で損金の額に算入される金額に限られています（財務諸表における注記でも可）。そして，人件費については「専門的知識をもってその試験研究の業務に専ら従事する者に係るものに限る」とされていることから，仮に試験研究を行う部署で発生した人件費であっても，その部署で直接的に試験研究の業務に携わっていない者の人件費については対象になりません。税額控除制度の対象になる金額の集計にあたっては，事前検討を踏まえた明確な方針に基づき行う必要があります。

関連科目➡　ソフトウエア

### 税額控除の対象は損金の額に算入されたものに限られる

元審判官による
コーチング

法人税において"試験研究費"の一応の意義は明らかにされていますが，実務ベースに落とし込んだときには必ずしも明確であるとはいえないため，試験研究費の税額控除の対象になるかどうかの判断は非常に難しいです。もっとも，例えば，賞与引当金繰入額，交際費等の損金不算入額，一括償却資産に係る損金不算入額など，損金の額に算入されていないものは税額控除の対象外となります。

# 23 減価償却費

> **質問79**　機械装置や器具備品の会計上の償却方法を定額法に変更しているようですが，税務上の届出はしていますか？　固定資産台帳での管理はしているのでしょうか？

**調査官が知りたいこと**

1．償却方法，耐用年数，取得価額等が会計と税務で異なる場合の管理は適正に行われているか？

**対応と対策**

**1．会計上と税務上の償却方法，耐用年数等が一致しているかを確認し，一致していない場合には，それぞれで適正に管理を行う**

　IFRS 等の影響により，減価償却費の計算を税法基準ではなく，会計上合理的と認められる償却方法，耐用年数により行うケースが増加してきています。この場合においても，税務上の償却限度額計算は，税法に定められた方法により行うことになりますので，会計上の減価償却費と税務上の償却限度額に差異が生じる場合は別表調整が必要になります。

　会社で利用している固定資産管理ソフトが，一の固定資産につき会計上と税務上の償却方法，耐用年数等をそれぞれ設定できるものであれば，固定資産台帳により簡単にその差異の確認ができますが，どちらか一つしか設定できない場合には，会計と税務でそれぞれ固定資産台帳等を作成して管理していく必要があります。

　また，当然ではありますが，決算書（試算表），固定資産台帳，法人税別表の各数値は相互に関係しており，整合性がとれて（一致して）いる必要があり

ます。科目振替や組替表示，減損損失や資本的支出に該当する修繕費の計上など，必ずしも一見してこれらの一致が確認できるとは限りません。

さらに，固定資産台帳の外で個別に表計算ソフトなどを用いて管理しているものもあるかもしれません。これらの突合を毎期確認するようにしましょう。

関連科目➡ 有形固定資産　ソフトウエア

## 減価償却費の計上と事業供用日

元審判官
による
コーチング

減価償却費に関して多いミスに，事業供用日の誤りがあります。期末日をまたいだ事業供用日の誤りやそもそも事業供用していなかった場合などです。単なる確認漏れというケースも多いですが，会計システムと固定資産管理システムの"設計上の誤り"が原因であったこともあります。それは，システム連動において"取得日＝事業供用日"になっているという致命的なミスによるものでした。

# 24　貸倒損失

**質問80**　O社売掛金を貸倒損失として処理していますが，その理由を教えてください。

**調査官が知りたいこと**

1．税務上の損金算入要件を満たしているか？

**対応と対策**

**1．相手先の状況を確認し，状況に応じた処理を行う**

　売掛金や貸付金などが回収不能となった場合には，貸倒損失として処理します。一般に損失の確定時期を判断することは難しく，会社ごとの判断に委ねた場合には課税上不公平が生じることから，税務上は次に掲げる事由が生じた場合に，それぞれに掲げる金額につき損金算入を認めることとしています。

---

① 　法律上の貸倒れ
   - 　会社更生法等の決定により切り捨てられることとなった金額
   - 　債務者の債務超過の状況が相当期間継続し，債権の弁済が受けられないため，書面により債権放棄した金額

② 　事実上の貸倒れ
   　債務者の資産状況等からみて，債権の全額が回収できないことが明らかになった場合に，その全額を貸倒れとして損金経理した金額

③ 　形式上の貸倒れ
   　１年間取引停止後弁済がない場合に損金経理した金額

---

このうち，①の法律上の貸倒れについては，他の要件と異なり損金経理が要件とされていませんが，会社更生法等の決定や債権放棄した事業年度でなければ損金算入は認められません。なお，債権の弁済を受けられるにもかかわらず，債権放棄した場合には単なる寄附金に該当します。債務者の資産状況を示す資料など，債権の弁済を受けられないと判断した客観的な根拠が必要になります。

　また，①法律上の貸倒れ，③形式上の貸倒れについては，証憑等により客観的にその時期を特定することができますが，②事実上の貸倒れにより損金算入している場合には，税務調査で，損金算入時期について問題になることがあります。債務者の資産状況等をどの程度まで確認したのか，債権の全額が回収できないことが明らかと判断した経緯等について，合理的な説明が求められることになるでしょう。確認が充分でない場合には，損金算入が否認される可能性もありますので，ご注意ください。

**関連科目➡**　　売掛金　貸付金　貸倒引当金　寄附金

## 時効の成立と貸倒れ

**元審判官によるコーチング**

消滅時効期間が経過し援用によって時効の効果が発生したとしても，債務者に資力喪失等の事由が生じていなければ，税務上，貸倒損失の計上は認められません。時効の援用だけを要件にした場合，租税回避行為を認めることになるからです。回収努力を怠っていて単に時が経過し，時効の効果が発生したとして貸倒損失を損金に計上した場合には，寄附金として取り扱われることになります。

> **質問81**　従業員 e さんに対する貸付金を e さんの退職後に貸倒損失として処理していますが，その理由を教えてください。

**調査官が知りたいこと**

1．給与となるべきものはないか？

---

**対応と対策**

**1．貸付時に金銭消費貸借契約書を作成し，返済予定，利率等を明確にしておく**

　会社が従業員に対し貸付けを行う場合には，金銭消費貸借契約書等により，その貸付内容が明らかであることが通常です。

　その後，長期にわたって貸付金が回収されることなく，最終的に回収不能として貸倒損失を計上した場合には，税務調査においては，貸付金ではなく，当初から回収意思のない単なる金銭贈与と捉えられ，給与として認定されることもあり得ます。

　貸付時には，当然に回収意思があり，利息も収受するつもりであったものの，その後，その者の経済状況が悪化し回収不能となったため，やむなく貸倒損失として処理したものであることを明確にするためにも，金銭消費貸借契約書を作成し，返済時期や利率等を明確にしておく必要があるのは当然として，回収不能に至った経緯もしっかり記録として残しておくことが重要です。

　なお，金銭消費貸借契約書を作成したとしても，その者の経済状況等に鑑み，あまりにも現実的でない返済スケジュールである場合には，やはり当初から回収意思のないものと認定される可能性もありますので，ご注意ください。

**関連科目➡**　役員給与　従業員給与・賞与

# |25 受取利息

質問82 各子会社に対する貸付条件が，子会社ごとに異なるようですが，
なぜでしょうか？

**調査官が知りたいこと**

1. 貸付条件（回収予定，金利設定）は適正か？
2. 低利貸付の場合の理由は何か？

## 対応と対策

### 1. 貸付条件を適正に設定する

　貸付条件の設定にあたっては，例えば，貸付資金を外部から調達した場合に
は貸付金利を調達金利以上とするなど，適正な条件としなければいけません。

　特に最近では，キャッシュ・マネジメント・システム（CMS）を導入して
いる企業グループも多くありますので，その条件がどのように設定されたか，
税務調査で確認されることもあります。もちろん，一度定めた貸付条件が不変
であるはずはなく，適時適切な条件変更を行う必要があるのは当然です。

### 2. 無利息や低利貸付の場合には，その理由を明確にしておく

　例えば子会社に対し，無利息で貸付けを行うなど，貸付条件が適正でない場
合には，税務調査において，寄附金認定のリスクが生じることになります。一
方，その子会社の経営状態が悪化し，倒産防止のための支援目的であるなど，
無利息で貸し付けることにつき合理的な理由があるときには寄附金には該当し
ません。もちろん，この場合には，支援の合理性についての説明が求められる
ことになるでしょう。

　なお，親会社一社での支援では，その支援の合理性についてかなり詳細な検討が必要になり，税務調査においても厳しい対応が想定されます。安易に支援を認めると寄附金課税との整合性が取れなくなるからです。

　したがって，親会社責任として相当の負担を負う（他の債権者等と比較して損失の負担率が高い）ことはやむを得ないとしても，可能な限り親会社以外の第三者の会社も巻き込んで支援の計画を策定し，「第三者からの支援を受けるためにも，親会社の支援はやむを得ないものであった」と支援の合理性を担保するような体制作りも重要となります。

**関連科目➡**　　貸付金　寄附金

元審判官
による
コーチング

## 同族会社の行為計算の否認

同族会社の代表者で出資者でもある者が，その同族会社に対して3,000億円を超える金員を無利息で貸し付けたことに対して，所得税法第157条（同族会社等の行為又は計算の否認等）が適用され，その代表者に利息相当分の雑所得が認定されたパチンコ平和事件（最高裁平成16年7月20日判決）があります。法人税法においても，同様の規定が第132条にあります。

# 26 受取配当金

質問83 各子会社の株式保有割合と保有期間を教えてください。

**調査官が知りたいこと**
1．子会社ごとに益金不算入額が適正に計算されているか？

**対応と対策**

**1．株式の取得日や保有割合，異動等がわかる銘柄別管理台帳を作成する**

　税務上，会社が受け取る配当金については，二重課税排除の観点から益金不算入とされますが，その金額は，株式の保有期間，保有割合によって異なります。したがって，銘柄ごとに取得日や保有割合を把握しなければなりませんが，これは期末時点の保有割合だけでなく，配当の計算対象期間中の保有割合の異動も関係しますので，追加取得や譲渡などの異動を管理する必要があります。

[益金不算入割合]

| 区　　分 | 益金不算入割合 | 負債利子控除 |
|---|---|---|
| ①完全子法人株式等<br>（配当等の計算期間を通じた株式等保有割合が100％） | 100％ | なし |
| ②関連法人株式等（配当等の計算期間（6ヶ月を超える場合には6ヶ月）を通じた株式等保有割合が3分の1超100％未満） | | あり |
| ③その他の株式等（①，②，④以外のもの） | 50％ | なし |
| ④非支配目的株式等（配当等の基準日時点の株式等保有割合が5％以下） | 20％ | |

　なお，完全子法人株式等の判定における株式等保有割合が100％であるかどうかは，当事者間の完全支配の関係または一の者との間に当事者間の完全支配の関係がある法人相互の関係により判定することになるため，例えば，配当金の支払いを受けた法人Aが配当金の支払いをした法人Bの株式の一部のみしか保有していない場合であっても，100％グループ内の他の法人がその配当金の支払いをした法人Bの残余の株式のすべてを保有しているときには，法人Aが保有する法人Bの株式は完全子法人株式等に該当します。

　また，関連法人株式等および非支配目的株式等に該当するか否かの判定においても，令和4年4月1日以後に開始する事業年度から，その株式を保有する単体法人単独での保有株式数による判定から，100％グループ内の他の法人が保有する株式数を含む持株比率により判定することとされています。これにより，株式の保有関係によっては，令和4年4月1日前に開始する事業年度における区分判定と異なる区分になることもあり得るため注意が必要です。

　さらに，令和4年4月1日以後に開始する事業年度から，関連法人株式等に係る負債利子の額は，概算控除（関連法人株式等に係る配当等の額×4％（上限：その事業年度における支払利子等の合計額×10％相当額））により計算することとされています。負債利子の計算も改正により大きく変更されていますので，確認漏れのないように留意してください。

**関連科目➡** 　有価証券・関係会社株式・子会社株式

**質問84**　A社からの支払調書を確認しますと，みなし配当があるようですが，経理処理はどのようにされていますか？

**調査官が知りたいこと**

1．みなし配当の処理は適切に行われているか？

対応と対策

## 1．みなし配当部分と資本の払戻し部分を区分して処理を行う

　会社法上の剰余金の配当に該当しなくても，税務上配当とみなされるものがあります。例えば，保有する株式を発行法人に譲渡した場合には，相手方においては自己株式を取得したことになります。譲渡側は受け取った譲渡対価を，資本の払戻し部分の金額とみなし配当の金額に区分し，このうちのみなし配当については益金不算入の対象となることとされています。

　会計上は，単に株式の譲渡損益として処理しますので，みなし配当の金額は損益計算書上の受取配当金勘定に含まれないことになります。益金不算入の処理を忘れないようにしましょう。

　なお，みなし配当の金額は支払調書により相手方から通知されますが，みなし配当に係る源泉徴収税額もその通知書に記載されていますので，源泉所得税等の税額控除の適用も忘れないようにしましょう。

関連科目➡　　自己株式　有価証券売却損益

元審判官
による
コーチング

## みなし配当と法令用語

みなし配当は，法人税法第24条において「第23条第1項第1号又は第2号（受取配当等の益金不算入）に掲げる金額とみなす」と規定されています。法令では「推定する」という用語も用いられますが，「推定する」は反証が許されるのに対して，「みなす」は反証を許さないとされています。「みなす」は，法律の力で白を黒といいくるめてしまうものと説明されます。

# 27　為替差損益

> **質問85**　外貨建資産，負債の期末の換算換えは行っていますか？

**調査官が知りたいこと**

1．期末の換算換えは適正に行われているか？

## 対応と対策

**1．外貨建資産，負債の種類ごとに評価方法を確認し，適正に換算換えを行う**

　外貨建資産，負債については，税務上，その種類ごとに換算方法が定められていますので，会計上，為替差損益が計上されている場合には，会計上と税務上の換算方法が一致しているか確認が必要になります。

　長期外貨建金銭債権債務は，会計上は期末時換算法によるものの，税務上の法定換算方法は発生時換算法となりますので，換算差額につき別表調整を行わなければなりません。ただし，税務署長に届け出ることにより，税務上も期末時換算法を選択することができますので，いずれの方法によるか検討が必要になります。税会一致が簡便なのは言うまでもありません。

> ### 個人における外貨預金の円転による為替差損益の計算
>
> **元審判官によるコーチング**
>
> 法人の場合，外貨預金については，期末に期末日の為替相場で換算を行うことになるためあまり問題認識されていませんが，個人が同一通貨の外貨を複数の外貨預金口座で保有していた場合，円転に伴う為替差損益の計算（外貨取得単価の把握）はどのように行うのでしょうか？　これは，総平均法に準ずる方法により行うことになります（平成28年6月2日公表裁決）。

# 28 支払利息

質問86 親会社借入金の金銭消費貸借契約書を見せてください。

**調査官が知りたいこと**
1. 借入条件（返済予定，金利設定）は適正か？
2. 前払費用とすべき部分はないか？

## 対応と対策

### 1．借入時に借入条件が適正であるか確認する

　一般的には，金融機関等第三者間で締結された契約であれば，借入条件は適正であると認められます。税務調査で問題となるのはグループ会社間での契約です。特に金利設定については所得移転の目的の有無など，その借入条件がどのように設定されたかについて確認されますので，適正であることを説明できるようにしておく必要があります。

　例えば，親会社からの借入金につき，通常に比し金利が高く設定されている場合には，その部分は親会社に対する利益の移転として，子会社における寄附金認定のリスクが生じます。逆に金利が低く設定されている場合には，子会社への利益移転となります。また，当初から無理な返済計画による借入で，長期にわたり返済が滞っているようなものについては，状況によっては，借入金の元本について受贈益課税が行われることも可能性としてはあり得ます。

　グループ間取引は恣意的になりやすいため，通常の取引条件とは異なる条件で取引を行う場合には，誰が聞いても納得できるような合理的な理由が必要となります。

## 2．利息につき前払いか後払いかを確認し，当期の費用となる部分と翌期以降の費用となる部分を区分しておく

　契約上，利息の支払いが前払いまたは後払いとなっている場合で，利息の計算対象期間が複数の事業年度にまたがるときは，各事業年度に按分する必要があります。なお，前払利息については，支払った日から1年以内のものであれば短期前払費用として損金算入できますが，その借入金を預貯金や有価証券に運用して収益を得る場合には，短期前払費用の取扱いはありませんのでご注意ください。利息が後払いの場合には，日割計算により未払計上が可能です。

**関連科目➡**　　借入金　寄附金

**元審判官**
**による**
**コーチング**

## 税務における期間の計算

利息計上において期間（日数）の計算は非常に重要な要素となりますが，税務におけるその計算方法は，国税通則法に規定されています。例えば，①決議の日（7月17日）から1月を経過する日，②決議の日の翌日から起算して1月を経過する日，③決議の日から起算して1月を経過した日，とした場合，それぞれの日付はいつになるでしょうか？　答えはいずれも8月17日となります。

# 29 固定資産譲渡損益

質問87 土地の譲渡対価の算定根拠を教えてください。

**調査官が知りたいこと**

1. 譲渡対価は適正か？
2. 譲渡損益調整資産に該当しないか？
3. 土地の譲渡の場合，課税売上割合の算定上，非課税売上に含まれているか？

**対応と対策**

## 1．譲渡対価の算定根拠を明確にしておく

　土地の譲渡が第三者間取引である場合には，その譲渡対価が著しく時価と乖離していない限りは，税務調査において特に問題になることはありません。

　譲渡先がオーナー社長やグループ会社である場合には，税務調査において譲渡対価をどのように決定したかが確認されますので，その算定根拠を明確にし，説明できるようにしておく必要があります。通常の取引金額と比較して譲渡対価が低額である場合には，その譲渡先に応じて，給与課税や寄附金課税の税務リスクが生じることになります。

## 2．グループ間譲渡では，譲渡損益調整資産に該当するかどうか確認する

　一定の資産を100％の資本関係を有するグループ会社に対して譲渡した場合には，譲渡時には譲渡損益が繰り延べられ，相手方で譲渡，処分等をしたときに，その譲渡損益が実現することになります。相手方で譲渡，処分をした場合には，相手方から通知書が送られてきますので，その通知に即して，譲渡損益の戻入れ処理を行うことが必要です。

## 3.　課税売上割合に準ずる割合の承認申請を検討する

　消費税法上，土地を譲渡した場合には，非課税売上が計上されることから課税売上割合が減少することで仕入税額控除が減少し，消費税の納税額が増加することがあります。

　しかし，土地をたまたま譲渡した場合にまで，このように計算することとしてしまうと，事業の実態とかけ離れた課税売上割合によることになってしまうため，土地譲渡の影響を受けない課税売上割合に準ずる割合を使用することが認められており，消費税の納税額の増加を抑えることができます。

　課税売上割合に準ずる割合を使用するためには，「消費税課税売上割合に準ずる割合の適用承認申請書」をその適用を受けようとする課税期間の末日までに税務署長に提出し，同日の翌日以後1月を経過する日までに税務署長の承認を受ける必要があります。承認申請書は課税期間の末日までに提出することが必須であるため，課税期間末日間際に土地の譲渡がある場合には，提出期限の期日管理に注意が必要です。

　なお，この承認申請は，たまたま土地の譲渡があった場合に認められるものであるため，翌課税期間には「消費税課税売上割合に準ずる割合の不適用届出書」を提出しなければなりません。ただし，提出がない場合には，承認を受けた日の属する課税期間の翌課税期間以降の承認を取り消すものとされています。

**関連科目➡**　　有形固定資産　土地　無形固定資産　役員給与　寄附金

## 公正処理基準は一筋縄ではいかない

**元審判官によるコーチング**

　公正処理基準は，通常，企業会計原則のほか，各種会計基準や会計実務指針などを含むものと解されています。しかし，不動産の売買（流動化）に関連した「不動産流動化実務指針」（日本公認会計士協会 会計制度委員会報告第15号）は，「一般に公正妥当と認められる会計処理の基準」に該当しないとしたビックカメラ事件（東京高裁平成25年7月19日判決）なども存在します。

# ⃞30　固定資産除却損

> **質問88**　廃棄業者からの廃棄証明はありますか？

**調査官が知りたいこと**

1．実際に廃棄が行われた時期はいつか？
2．有姿除却の場合の損金算入は問題ないか？

---

**対応と対策**

**1．廃棄業者からの廃棄証明等により，廃棄された時期を明確にしておく**

　廃棄が決定された固定資産については，決算時において会計上は廃棄損を計上します。一方税務上は，廃棄が決定されただけではなく，期末までに実際に廃棄されていないときは損金算入できませんので，税務調査では廃棄した事実および廃棄した日が確認されます。

　固定資産を廃棄した場合は，廃棄の事実を立証する書類の整備が必要です。廃棄業者から廃棄証明を受けるのが最も確実ですが，それができない場合は，社内稟議に付したり廃棄時の写真を撮るなどして，廃棄の意思と廃棄の事実を明確に示す必要があります。

**2．有姿除却の場合には，今後の使用予定がないことおよびその後の処分，保　管状況を明確にしておく**

　実際に除却しておらず現物が残っている固定資産であっても，その使用を廃止し，今後，通常の方法により事業の用に供する可能性がないと認められるものや，金型等でその製品の製造を中止したことにより，今後使用しないことが明らかであるものについては，有姿除却による損金算入が認められています。

---

　使用しないことが明らかであるかどうかは，事実認定の問題であるため，社内稟議等で使用しないことに至った理由も含め，今後一切事業の用に供する可能性がないことを明確にしておくことが重要です。有姿除却後は帳簿価額が0になるため，その後の資産の状況等を把握していないケースも見受けられますが，その後の廃棄，解体，粉砕等の処分状況，処分していない場合には保管状況などの管理を行うことも重要です。税務調査では，有姿除却後はその資産を使用していないことを説明できるようにする必要があります。仮に使用している事実が明らかになった場合には，除却処理が認められないのは当然として，状況によっては「仮装隠ぺい」に当たるとして重加算税の対象になることもあり得ます。固定資産の除却・廃棄は，金銭支出のない決算対策（節税対策）として定番ともいえる手法ですが，調査官もそのことは当然分かっています。

**関連科目➡**　　有形固定資産　ソフトウエア

元審判官
による
コーチング

## 証明（立証）責任という問題

　課税要件事実の存否および課税標準についての証明責任は，原則として課税庁が負うとされています。しかし，課税要件事実に関する証拠との距離を考慮に入れると，一般的な必要経費の証明責任は課税庁が負うが，特別な経費のそれは納税者にあると解される場合が多いようです。したがって，"廃棄・除却"の事実は，納税者が証明する必要があるということになるでしょう。

# 31 減損損失

質問89 減損損失として計上している金額の内容を教えてください。

**調査官が知りたいこと**

1. 減損損失として計上している金額は，評価損としての損金算入要件を満たしているか？

**対応と対策**

**1. 減損損失の算定根拠を明確にし，評価損の損金算入要件を確認する**

　会計上，固定資産の収益性が低下し，その価値が下落した場合には，その帳簿価額を時価まで切り下げ，減損損失を計上します。一方，税務上も，災害等により著しく損傷した場合などで，時価が帳簿価額を著しく下回ることとなったときは，評価損の計上が認められます。

　会計上の減損損失は収益性の低下を理由として計上されますので，通常は税務上の評価損の損金算入が認められる要件に該当しません。減損損失として計上した金額は，税務上は償却費として損金経理した金額に含まれることになり，償却限度額を超える部分については，損金不算入になります。

　会計上で減損損失を計上した場合は，収益性の低下要因を分析して，税務上の評価損の損金算入要件に該当するかどうかの検討が必要です。その結果，評価損を損金算入する場合は，さらに時価の妥当性を説明する資料の整備が必要になります。

　なお，固定資産について評価損が計上できるのは，次に掲げる物損等の事実が生じたことにより固定資産の価額がその帳簿価額を下回ることとなったときに限定されています。

① 災害により著しく損傷したこと
② その固定資産が1年以上にわたり遊休状態にあること
③ その固定資産がその本来の用途に使用することができないため他の用途に使用されたこと
④ その固定資産の所在する場所の状況が著しく変化したこと
⑤ ①～④に準ずる特別の事実がある場合（例えば，その有する固定資産についてやむを得ない事情によりその取得の時から1年以上使用しないため，その価額が低下したこと）

固定資産の評価損が損金の額に算入されるのは，当該固定資産について上記の事実がある場合に限られているため，当該固定資産の価額の低下が次のような事実に基づく場合には評価損は計上できません。

① 過度の使用または修理の不十分等により当該固定資産が著しく損耗していること
② 当該固定資産について償却を行わなかったため償却不足額が生じていること
③ 当該固定資産の取得価額がその取得の時における事情等により同種の資産の価額に比して高いこと
④ 機械および装置が製造方法の急速な進捗等により旧式化していること

**関連科目➡**　有形固定資産　土地　ソフトウエア

### 税務調査の早期終結のために

元審判官による
コーチング

税務調査を早期に終結させるためには，なるべく「上にあげさせない」ことです。"上"とは，現場判断の決定権を有する統括官，税務（副）署長，そして審理担当を指しています。上に上がれば上がるほど，調査官も資料作成等に時間をかけることになり，そこまでの判断を覆すのが難しくなります。残念なことですが「今さら戻れません」とはっきり言った調査官もいました。

# |32  有価証券評価損

質問90　Ｎ社株式を評価減している理由を教えてください。

**調査官が知りたいこと**

1．評価損の損金算入要件は満たしているか？
2．評価損の金額は，適正に算定されているか？

## 対応と対策

### 1．評価損の計上理由を明確にし，損金算入要件を確認する

　会計上，会社が保有する有価証券の価値が著しく下落した場合には，その帳簿価額を時価まで切り下げ，評価損を計上します。

　税務上も，有価証券の価値が著しく下落し，近い将来にその回復が見込まれない場合には，評価損の計上が認められます。実務上，有価証券の評価損計上において判断が難しいのは，この「価値」の算定と「回復可能性」の見極めです。上場株式については，国税庁より公表されている「上場有価証券の評価損に関するＱ＆Ａ」により，監査等において会計上，損失として認められる部分については，税務上も評価損の損金算入要件を満たすものとして取り扱われることが明らかにされています。

　なお，100％の資本関係を有する子会社株式につき，その子会社が清算中である場合や解散が見込まれる場合には，たとえ評価損の損金算入要件を満たしているとしても，損金算入は認められません。

### 2．時価の算定根拠を明確にしておく

　上場株式は市場価額が明らかであるため，その市場価額を基準として評価損

の金額が決定されます。非上場株式については，上場株式と異なり市場価額がないため，税務調査では，評価損の算定基準とした時価が適正であるかどうかについて問題になることがあります。

　非上場株式の時価については，直近に売買実例がある株式や公開途上にある株式についてはその取引金額，類似法人がある場合にはその類似法人の株価，又は純資産評価額などを基準にすることが定められていますので，いずれにより算定を行ったものであるか，その算定根拠を明確にしておく必要があります。

関連科目➡　有価証券・関連会社株式・子会社株式

### 裁決，裁判例を有効に活用する

元審判官
による
コーチング

調査官も一定の勉強はしていますが，裁決，裁判例にまで目を通している調査官は決して多くありません。裁決は国税組織（行政）の最終判断であり，裁判例は司法による判断です。これらはあくまでも個別の事件を解決するためのものですが，裁判例における「法令解釈」はもちろん，そこで示される課税庁の考え方を反映した主張内容も税務調査対策として参考になります。

# |33 有価証券売却損益

**調査官が知りたいこと**

1. 譲渡対価は適正か？
2. 売却損益の計上時期は適正か？

## 対応と対策

### 1. 譲渡対価の算定根拠を明確にしておく

　上場株式と異なり，非上場株式には市場価額がないため，税務調査ではその
譲渡対価が適正であるかどうかについて問題になることがあります。

　非上場株式の譲渡対価については，税務上，その算定方法につき明確な規定
はありません。実務上は評価損の損金算入に関する法人税基本通達に定められ
ている時価の算定方法を準用し，直近に売買実例がある株式や公開途上にある
株式についてはその取引金額，類似法人がある場合にはその類似法人の株価，
または純資産評価額などを基準に算定することが多いと思われます。

　しかし，その法人の株価評価上考慮すべき事情があるならば，上記評価方法
以外の評価方法（例えば，DCF評価を基準としたものなど）であっても何ら
問題はありません。重要なのは，株価を適正に反映できる合理的な方法によっ
て計算されているか否かということです。税務調査では，株価算定書等に基づ
く取引価額の根拠と，その算定方法の妥当性を明確に示すことが重要です。

　譲渡の相手方が第三者である場合には，その譲渡対価が著しく時価と乖離し
ていない限りは，税務調査において特に問題になることはありません。オー

ナー社長やグループ会社などが譲渡の相手方であって，実際の譲渡対価が時価よりも低い場合には，相手方がオーナー社長であれば給与課税が，グループ会社であれば寄附金課税の問題が生じることになります。

### 2．契約書等により，約定日を確認する

　有価証券の譲渡損益の計上時期は，実際に有価証券を引き渡した日ではなく，約定日（契約締結日）の属する事業年度とされています。

　一方，グループ法人税制やグループ通算制度の適用の基準となる完全支配関係が生じた日は，約定日ではなく，実際に有価証券を引き渡した日などの支配の効果が及ぶこととなった日とされています。完全支配関係がないこととなった日も同様に，有価証券の引渡日で判定することになると考えられます。

　譲渡損益の計上時期とは異なることになりますので，注意が必要です。

**関連科目➡**　　有価証券・関連会社株式・子会社株式　役員給与　寄附金

**元審判官によるコーチング**

### 譲渡損益の計上時期

有価証券の譲渡損益の計上時期に関して，所得税の場合には法人税と異なり"引渡日"が原則とされています（ただし，納税者の選択により，約定日も可）。また，法人税における固定資産の譲渡に係る収益の計上時期は，原則として"引渡日"とされ，例外として，契約締結日も認めるとされています。もちろん，棚卸資産の場合には引渡日基準となります。

# 34 子会社株式清算損

> **質問92** 100%子会社であるＦ社株式の清算損失は，税務上，加算していますか？

**調査官が知りたいこと**

1. 完全支配関係のある会社が清算した場合の清算損失の処理は適正に行われているか？
2. 繰越欠損金の引継ぎは適正に行われているか？

**対応と対策**

## 1．子会社株式清算損は別表上，加算調整を行い自社の資本金等の額を同額減額する

100%子会社が清算した場合には，税務上，清算損益は計上されません。会計上は清算損益を計上しますので，計上された清算損益は別表上，加算または減算され，同時に，親会社自身の資本金等の額を減少または増加させる処理が必要になります。

なお，外国法人である子会社や100%の資本関係を有しない子会社については，清算損益が損金または益金算入されます。子会社株式清算損益が，税務上いずれの取扱いとなるか確認が必要です。

## 2．子会社の有していた未処理欠損金の引継制限がないか確認する

100%子会社の残余財産が確定し，その子会社が未処理欠損金を有している場合には，未処理欠損金を株主である法人が引き継ぐことができます。

ただし，100%の資本関係が5年以内に生じている場合など，一定の場合には，その引継ぎが制限されることがあります。

　なお，上記1.と同様に外国法人である子会社や100％の資本関係を有しない子会社の有する未処理欠損金は引き継ぐことはできません。

　未処理欠損金の引継ぎは，合併等があった場合の組織再編税制にもその適用があります。近年課税当局は，事業上必要のない組織再編行為を行うことによる，組織再編税制を利用した租税回避行為に目を光らせており，税務調査の重点項目となっています。子会社の清算についても，解散・清算に至った経緯や意思決定の内容を示す書類を整備しておく必要があります。

**関連科目➡**　有価証券・関連会社株式・子会社株式

元審判官
による
コーチング

## 組織再編税制と租税回避

ヤフー事件最高裁判決では，企業の組織再編を利用した“租税回避”の判断基準について，「通常は想定されない方法や，実態とかけ離れた形の再編であるなど，不自然なものか，合理的な理由があるかなどを考慮して判断すべき」と示しました。「明らかに不自然」「税負担の減少を目的として税制を濫用した」と認定されないような，組織再編の目的と手法の選択が必須なわけです。

# 35 法人税，住民税および事業税

**調査官が知りたいこと**

1. 事業税の損金算入時期は正しいか？
2. 還付加算金は益金算入されているか？

## 対応と対策

### 1. 事業税の損金算入時期を確認する

質問74でも解説したとおり，法人税，地方法人税，住民税の納付額は損金不算入，事業税，特別法人事業税の納付額は損金算入となります。一方，法人税，地方法人税，住民税の還付額は益金不算入，事業税，特別法人事業税の還付額は益金算入となります。

事業税等の損金算入，益金算入時期は，それぞれその申告書を提出した日（＝納付または還付が確定した日）の属する事業年度になります。予定申告に係る納付分は，当期中に予定申告書の提出が行われている（実際に提出をしていなくても提出したものとみなされる）ため当期の損金になりますが，確定申告に係る納付分は，確定申告書の提出が翌期になるため，翌期の損金になります。事業税等の損金算入時期が経理処理により影響されることはありません。

確定申告において予定申告納付分が還付となる場合には，予定申告納付分は当期において損金算入され，還付される金額は翌期の益金になります。

## 2．還付加算金の金額を確認し，本税の還付とは区分して処理する

　法人税等の本税が還付される場合には，還付までの期間に応じ本税と一緒に還付加算金が入金されます。本税の益金算入，益金不算入の取扱いに関係なく還付加算金はすべて益金算入されますので，還付通知等により本税と還付加算金を区分し，適正な処理を行う必要があります。

　例えば，法人税の還付金と還付加算金を併せて雑収入勘定で処理している場合には，法人税本税の還付金のみが益金不算入となり，その金額についてのみ別表上で減算処理を行います。還付加算金を含めて減算処理を行わないように注意が必要です。

**関連科目➡**　　未払法人税等　租税公課

## 予納制度の活用による延滞税の節約

元審判官によるコーチング

　予納とは，調査等により近日中（おおむね6か月以内）に納付すべき税額の確定が見込まれる場合に，修正申告書等を提出する前であっても，税務署長に申し出をすることにより，追加納税の見込額を予め納付することができる制度です。延滞税の計算は「納付された日」までであるため，修正申告書等提出までに課税当局の審理手続等に時間を要するときには，予納により延滞税の軽減が図れます。

## ■編者紹介

# あいわ税理士法人

代表社員　税理士　杉山康弘

2002年11月，藍和共同事務所を母体として設立された税理士法人。多くの公認会計士・税理士を擁し，会計・税務コンサルティングをはじめ，株式公開支援，事業承継・相続コンサルティング，企業買収におけるデューデリジェンス業務，組織再編・グループ通算制度支援サービスなどを提供している。
また，各種セミナーの開催，専門誌への情報提供なども積極的に行っている。

《本部》
〒108-0075
東京都港区港南 2 - 5 - 3　オリックス品川ビル 4 F
Tel　03-5715-3316　　Fax　03-5715-3318
URL　http://www.aiwa-tax.or.jp/
メールアドレス　info@aiwa-tax.or.jp

《大阪事務所》
〒541-0053
大阪市中央区本町 4 - 5 -18　本町 Y S ビル 7 F
Tel　06-6262-2036　　Fax　06-6262-2037

## ■執筆者紹介

# 尾崎真司（おざき　しんじ）

税理士　あいわ税理士法人 パートナー　元国税不服審判所国税審判官
1999年藍和共同事務所（現あいわ税理士法人）入所。2014年から 3 年間，国税審判官として国税不服審判所に勤務。大手・中堅企業への税務コンサルティング業務に従事。第41回日税研究賞【税理士の部】選考委員会賞受賞。

調査官の「質問」の意図を読む

## 税務調査リハーサル完全ガイド（第3版）

| | |
|---|---|
| 2013年 3 月15日 | 第 1 版第 1 刷発行 |
| 2015年12月15日 | 第 1 版第 3 刷発行 |
| 2020年12月10日 | 第 2 版第 1 刷発行 |
| 2023年 3 月15日 | 第 3 版第 1 刷発行 |
| 2024年11月30日 | 第 3 版第 2 刷発行 |

編　者　　あいわ税理士法人
発行者　　山　本　　　継
発行所　　㈱中 央 経 済 社
発売元　　㈱中央経済グループ
　　　　　パ ブ リ ッ シ ン グ

〒101-0051　東京都千代田区神田神保町 1 - 35
電話 03（3293）3371（編集代表）
03（3293）3381（営業代表）
https://www.chuokeizai.co.jp
印刷／東光整版印刷㈱
製本／㈲井上製本所

ⓒ 2023
Printed in Japan

＊頁の「欠落」や「順序違い」などがありましたらお取り替えいた
しますので発売元までご送付ください。（送料小社負担）

ISBN 978 - 4 - 502 - 45641 - 1　C3034